LTC 초급과정 IG

LEADERSHIP TRAINING CLASS

차 례

예수 그리스도는 누구신가?

예수 그리스도는 누구신가?

1. 인류 역사에 가장 큰 영향을 끼친 사람은 누구입니까?

역사를 아는 사람이라면 누구나 전 세계와 모든 종교를 통틀어서 예수 그리스도가 가장 위대한 분이라는 말에 동의할 것입니다. 왜냐하면 그는 인류 역사를 BC(Before Christ)와 AD(Anno Domini)로 구분하게 하신 분이시기 때문입니다. 예수 그리스도의 복음이 전해진 곳은 어디에서나 결혼의 신성함, 남녀 평등, 선거권, 노동법, 아동 복리법, 노예 해방 등이 이루어졌으며 자유와 사랑과 평화의 운동이 일어났고 개인의 생애와 국가에 커다란 변화가 일어났습니다.

2. 예수 그리스도의 신성(神性)에 대하여 의문을 품었던 이들 중에 많은 사람들이 그리스도의 충성스런 제자가 되었습니다

런던대학 철학과 주임 교수였던 시릴 죠우드 박사(Dr. Cyril Joad)는 예수는 단순한 인간이며 하나님은 우주의 일부분에 불과하다고 주장했었습니다. 그는 인간에게 시간이 충분히 주어진다면 지상에 낙원을 건설할 수 있다고 믿었습니다. 그는 오랫동안 기독교에서 말하는 죄에 대하여 부인하였으나 두 차례의 세계대전과 그 외의 많은 전쟁들을 보면서 인간의 죄성을 인정하게 되었습니다.

그는 인간의 죄가 성경에 명백히 기록되어 있는 것을 발견했습니다(롬 3:23).
마침내 그는 오직 예수님의 십자가의 구속으로만 죄가 해결될 수 있다는 것을 믿고 예수 그리스도의 충성스러운 제자가 되었습니다.

미 남북 전쟁 당시의 장군이요, 문인(文人)이었던 류 웰리스(Lew Wallace)는 기독교의 신화(神話)를 영원히 없애버릴 책을 써서 그리스도에게 매어있는 인류를 해방시켜 주자고 다짐하였습니다.

그는 미국과 유럽의 도서관에서 2년 간 많은 자료를 수집하고 깊이 연구하였습니다. 예수님에 대한 이야기가 허위라는 것을 주장하기 위해 책의 제1장을 쓰고 제2장의 첫 페이지를 쓰다가 도저히 예수님을 부인할 수 없다는 사실 앞에서 무릎을 꿇고 엎드려 "당신은 나의 주, 나의 하나님"이라고 고백했습니다.
그 사건이 있은 후 그는 『벤 허(Ben Hur)』라는 유명한 책을 썼습니다.

3. 예수 그리스도가 보통 사람들과 다른 점

(1) 구약 성경은 그가 오실 것을 450회 이상 예언하였습니다(미 5:2; 마 2:1; 사 7:14; 마 1:23).

(2) 예수님은 자기가 하나님의 아들이라고 친히 주장하셨습니다(마 26:63~64; 요 8:42 하; 요 16:28).

(3) 그는 죄가 하나도 없고 죄를 알지도 못했습니다(요 8:46; 벧전 2:22; 요일 3:5; 히 4:15; 고후 5:21). 그는 한번도 미안하다거나 잘못했다는 고백을 한 일이 없습니다. 그를 배반한 가룟 유다도, 그를 십자가에 못박은 빌라도도 그의 무죄를 선언했습니다(마 27:4; 눅 23:13~16; 요 19:6).

(4) 그는 모든 사람들을 위하여 죽으셨습니다(사 53:4~6; 벧전 2:24~25).

(5) 그는 죽음에서 부활하셨습니다(고전 15:3~4).

1) 기독교는 그리스도가 부활하셨다는 역사적 사실 위에 서 있습니다(행 4:33; 벧전 1:3).
2) 예수 그리스도는 자기가 부활하실 것을 친히 예언하셨습니다(눅 18:31~33).
3) 예수 그리스도의 무덤이 비어 있다는 것은 그가 살아나셨다는 사실을 증명해 주고 있습니다(막 16:6; 마 28:6).
4) 죽어서 무덤에 묻히셨던 예수님께서 그의 제자들에게 나타나셨다는 사실은 그가 확실히 부활했음을 말해 주고 있습니다(고전 15:4~8).
5) 교회가 설립되어 오늘에 이르고 있다는 사실은 예수 그리스도의 부활에 대한 역사

적 증거입니다(행 2:29~32, 37~38, 41~42). 부활이 없었다면 교회는 설립될 수가 없었기 때문입니다.

6) 예수님이 체포될 때 달아났던 모든 제자들(베드로, 도마 그 외의 다른 제자들)이 나중에 목숨을 건 복음의 증인들로 변화되었다는 사실은 예수님의 부활에 대한 실제적인 증거입니다.

7) 초대 교회의 핍박자였던 사도 바울이 기독교 최대의 선교사, 복음 증거자로 변화되었다는 사실 역시 예수 그리스도의 부활로 밖에는 설명할 길이 없습니다(행 9:1~15; 22장; 26장).

(6) 예수님은 그리스도인 안에 살아 계십니다(갈 2:20).

1) 그는 우리의 중심에 오셔서 우리를 통하여 그 자신의 삶을 살기를 원하십니다(계 3:20).

2) 그는 우리를 변화시켜 새로운 피조물로 만들고 삶의 새로운 목표와 자세를 가르쳐 주십니다(고후 5:17).

(7) 예수 그리스도는 교회의 머리이시며 교회는 그의 몸입니다. 우리는 그의 몸의 지체입니다(엡 1:22, 23; 고전 12:27).

(8) 예수님은 승천하실 때의 그 모습 그대로 다시 오시겠다고 말씀하셨습니다(계 22:12, 20; 마 24:44).

1) 그리스도의 재림은 그리스도인의 가장 큰 소망입니다(계 22:20하).

2) 예수님은 모든 사람이 눈으로 볼 수 있도록 부활하신 몸으로 다시 오십니다(히 9:28하; 행 1:11; 계 1:7; 마 24:39).

3) 사망을 멸하시고 믿는 자의 구속을 완성시키기 위하여 예수님은 반드시 다시 오십니다(고전 15:24~26; 벧후 3:10).

4. 예수 그리스도만이 인간에게 줄 수 있는 4가지 놀라운 선물(4P)

(1) 오직 예수님만이 사람의 죄를 용서해 주실 수 있습니다. *(Pardon)*

1) 성경은 모든 사람이 죄를 지었다고 말합니다(롬 3:23).

2) 사람은 스스로 자기의 길을 택한 결과로 하나님에게서 분리되어 죽게 되었습니다(롬 3:23; 6:23).

3) 사랑이신 하나님께서는 죄로 인해 하나님을 떠나있는 우리를 대신하여 그리스도를 죽게 하심으로 그 끊어진 관계를 회복시키셨습니다(롬 5:8).

4) 예수님의 십자가의 보혈 외에는 인간의 죄를 씻을 수 없습니다(히 9:22).

5) 인간이 죄를 용서받는 유일한 방법은 오직 예수 그리스도를 영접하는 것입니다(골 1:14).

(2) 예수님만이 참 평안을 주실 수 있습니다. *(Peace)*

1) 예수님은 평화의 왕(사 9:6하)으로서 어떤 상황이나 환경을 초월해 평안을 주십니다(요 14:27; 빌 4:7).

2) 인생의 무거운 짐을 진 채 지쳐있는 사람들에게 평안을 주십니다(마 11:28).

3) 인간의 마음속에 있는 죄 문제를 해결할 때 진정한 평안이 찾아옵니다(막 5:34).

4) 주님은 아무리 큰 죄를 지은 사람도 다 주님께 나오라고 부르시며 나오는 사람은 누구든지 그 죄를 용서해 주시겠다고 약속하셨습니다(사 1:18).

(3) 예수님만이 삶의 목적을 주실 수 있습니다. *(Purpose)*

1) 하나님은 우리를 창조하신 분이십니다.

2) 인간은 하나님의 피조물 가운데 가장 위대한 걸작품입니다(창 1:27; 2:7).

3) 하나님의 아들이신 예수 그리스도를 인격적으로 만나면 하나님께서 우리를 창조하신 선한 목적을 알게됩니다.

4) 예수님이 가르쳐주신 진정한 삶의 목적은 하나님을 영화롭게 하며 그를 영원토록 기뻐하는 것입니다(고전 10:31; 빌 1:20; 롬 14:8).

5) 하나님은 자신을 사랑하는 자들에게 인생의 모든 상황 속에서 선한 결과들을 얻게 해 주실 것을 약속하셨습니다(롬 8:28).

(4) 예수님만이 승리의 삶을 살 수 있는 힘을 주십니다. *(Power)*

1) 그리스도인의 삶은 초자연적이기 때문에 오직 예수 그리스도만이 그의 삶을 사실 수 있습니다.

2) 그러므로 승리하는 그리스도인의 삶의 비결은 예수 그리스도께서 우리를 통해

그분의 삶을 사시도록 해드리는 것입니다(빌 2:13).

3) 그분은 우리 안에서 우리를 통하여 그분의 능력을 나타내십니다(골 2:9~10).

4) 그분은 우리가 어떤 환경 가운데서도 사랑과 기쁨과 평강이 넘쳐나는 삶을 살게 해 주십니다(갈 5:22~23).

그러나 이 4가지 선물은 예수 그리스도를 영접하는 사람에게 주어집니다.

5. 당신은 바로 지금 이 자리에서 그리스도를 영접할 수 있습니다. 그리스도를 영접하는 것은 기도를 통해 예수 그리스도를 당신의 삶에 초청하는 것입니다.

우리는 믿음으로 그리스도를 영접합니다. 믿음은 기도로 표현할 수 있습니다. 기도는 하나님과 이야기하는 것입니다. 그리스도께서 당신 마음의 중심에 들어오시도록 진실하고 정직한 마음으로 다음과 같이 기도해 보십시오.

"주 예수님, 나는 주님을 믿고 싶습니다. 십자가에서 죽으심으로 내 죄 값을 담당하시니 감사합니다. 지금 나는 내 마음의 문을 열고 예수님을 나의 구주, 나의 하나님으로 영접합니다. 나의 죄를 용서하시고 영생을 주심을 감사합니다. 나를 다스려 주시고, 나를 주님이 원하시는 사람으로 만들어 주옵소서. 예수님의 이름으로 기도합니다. 아멘."

이 기도가 마음에 드십니까? 그렇다면 바로 지금 이 자리에서 기도를 드리십시오.
그러면 예수 그리스도는 약속하신 대로 당신 안에 들어오셔서 영원히 함께 하실 것이며 약속하신 4가지 선물을 주실 것입니다(계 3:20; 히 13:5).

6. 구원의 확신

구원은 죄로 인해 죽을 수 밖에 없는 우리가 예수 그리스도를 믿음으로 죄를 용서받고 하나님의 자녀가 되어 영생을 누리는 것을 말합니다(행 16:31).
구원은 마음으로 믿고 입술로 고백할 때 확신할 수 있습니다(롬 10:9).

(1) 예수 그리스도를 영접하는 기도를 하셨습니까?
그렇다면 당신은 예수 그리스도를 마음으로 믿고 입으로 시인하셨으니 구원을 받은 것입니다(롬 10:10).

(2) 당신이 구원받은 사실을 확신할 수 없다는 생각이 들 수도 있습니다. 사실 예수님을 잘 믿는다고 하는 사람들 중에도 구원을 확신하지 못하고 "저는 구원을 받았는지 안 받았는지 잘 모르겠어요?" 라고 말하는 사람들이 있습니다.

그러나 구원은 하나님이 주신 선물이기 때문에 절대로 변하거나 취소될 수 없습니다. 구원은 하루에도 수없이 변하는 사람의 느낌이나 감정에 따라 흔들리는 것이 아닙니다. 진심으로 영접 기도를 드렸다면 당신은 성경의 약속대로 확실히 구원받은 것입니다. 확신을 가지십시오.

(3) 구원을 받은 이후 죄를 지으면 어떻게 될까요?
구원 받았다는 것은 당신이 하나님의 자녀가 되었으며 하나님이 당신의 아버지가 되셨다는 뜻입니다. 그러므로 죄를 짓는다고 해서 부자 관계가 취소되는 것은 아닙니다. 자녀가 잘못을 해도 그는 여전히 그 아버지의 자녀인 것과 마찬가지입니다.

그러나 자녀가 죄를 짓게 되면 그 부모는 마음이괴롭고 슬픈 것처럼, 당신이 죄를 짓게 되면 하나님도 마음 아파하시며 슬퍼하십니다. 그리고 당신도 구원의 기쁨과 감격을 잃게되며 낙심하고 좌절하게 됩니다. 당신이 죄를 짓게 되면 하나님과의 관계(Relationship)는 변하지 않지만 교제(Fellowship)는 깨어지게 됩니다.

그러므로 죄를 깨닫는 즉시 죄를 고백하십시오. 하나님은 우리가 죄를 고백하면 용서해 주시겠다고 약속하셨습니다(요일 1:9). 죄 고백을 통해 우리는 다시 하나님과의 교제를 회복할 수 있으며 하나님과 동행하며 승리하는 삶을 살 수 있습니다.

강의

강의 1 학생용 교재 12p

하나님의 사랑과 용서를 체험하기

개관 목적

매일의 삶에서 하나님의 사랑과 용서를 체험할 수 있도록
'영혼의 호흡' 중 죄를 고백하는 법을 배워 실천한다.

학습 목표

1. 예수님은 누구시며 왜 오셨는지를 이해한다.
2. 고린도전서 2:14~3:3의 '세 종류의 사람'을 이해하고 그림으로 표현할 수 있다.
3. '영혼의 호흡' 중 '내쉼'의 개념을 이해하고 실천한다.

개요

서론 (8분)

1. 예수 그리스도는 누구신가? (3분)

2. 예수 그리스도는 왜 이 세상에 오셨는가? (2분)

3. 오늘날 많은 그리스도인들이 풍성한 삶을 살지 못하고 있다. (3분)

4. 세 종류의 사람 (10분)
 ① 비그리스도인(육에 속한 사람)
 ② 성령 충만한 그리스도인(신령한 사람)
 ③ 세상적인 그리스도인(육신에 속한 그리스도인)

5. 성령의 사람이 되는 방법 (10분)

6. 죄를 고백해야 하는 이유 (10분)

7. 적용 (12분)

☞ 강의 포인트

예수 그리스도를 새롭게 영접한 사람이 가질 수 있는 질문, '죄를 지으면 하나님과의 관계가 어떻게 되는가?' 에 대한 답을 제시하고, 삶 속에서 죄 문제를 해결하여 하나님의 사랑과 용서를 체험하는 것에 초점이 있다.

서론 : 예수 그리스도를 인격적으로 만나는 것은 인생에서 할 수 있는 가장 위대한 경험이다.

예수 그리스도는 어느 누구와도 비교할 수 없을 만큼 인류 역사에 큰 영향을 끼친 분이다. 그는 역사의 방향을 바꾸어 놓았다. 따라서 사람들은 인류 역사를 예수님이 세상에 오시기 전은 BC(Before Christ)로, 오신 이후는 AD(Anno Domini, 우리 주님의 시대)로 구분하고 있다.
예수 그리스도의 복음이 전해진 곳은 어디에서나 결혼의 신성함, 남녀평등, 선거권, 노동법, 아동복리법, 노예 해방 등이 이루어졌으며 자유와 사랑과 평화의 운동이 일어났고 개인의 생애와 국가에 커다란 변화가 일어났다.
어떤 작가는 예수님의 영향력을 이렇게 말한다. "1,900년이라는 장구한 세월이 지났으나 오늘날도 예수님이 인류의 중심 기둥이며 진보 대열의 지도자이다. 지금까지 진군했던 모든 육군과 조직되었던 모든 해군, 개회되었던 모든 의회와 통치했던 모든 왕들을 합해 보아도 예수 그리스도의 삶이 이 세상에 끼친 영향에는 비교할 수조차 없다."

1. 예수 그리스도는 누구신가? 학생용 교재 13p

1 예수님은 자신이 하나님이라고 주장하셨다(요 10:30~33).
(성경 구절을 읽게 한 후 설명하라.)
유대인들이 예수님을 돌로 쳐 죽이라고 한 것은 자신을 하나님이라고 주장하는 예수님을 믿지 않았기 때문이다. 유대인들은 한낱 인간에 불과한 자가 하나님이라고 주장하는 신성모독죄를 저질렀다고 생각했기 때문에 죽이려고 한 것이다.

2 예수님의 삶은 구약성경에 나오는 예언의 성취였다(사 53:1~12).
예수 그리스도가 탄생하기 수백 년 전에 구약성경은 450회 이상 그의 탄생, 죽음, 부활 등 많은 것을 예언했다. 그 예언의 대부분이 성취되었고 나머지는 앞으로 성취될 것이다. 이와 같은 예언의 성취는 그가 역사의 주관자이신 하나님의 아들이심을 증거 한다.

3 예수님은 죄인인 우리를 대신하여 죽으셨다(롬 5:8; 벧전 2:24~25).

4 예수님은 죽음에서 살아나셨다(눅 24장; 마 28:1~10).
고린도전서 15:3~6에서는 오백 여명의 사람들이 부활하신 예수님을 동시에 목격했으며, 바울이 고린도전서를 쓸 당시에 그 사람들이 대부분 살아있다고 말했다. 예수님이 부활하셨다는 것은 그가 곧 하나님의 아들이라는 증거이다(롬 1:4).

2. 예수 그리스도는 왜 이 세상에 오셨는가? 학생용 교재 13p

1 예수님은 우리에게 영원한 생명을 주시기 위해 오셨다(요 3:16).

영생은 죄와 죽음에서 벗어나(롬 8:1~2) 하나님과 그분이 보내신 예수 그리스도를 인격적으로 아는 것이다(요 17:3).

2 예수님은 우리가 풍성한 삶을 살게 하기 위해 오셨다.

"도둑이 오는 것은 도둑질하고 죽이고 멸망시키려는 것뿐이요 내가 온 것은 양으로 생명을 얻게 하고 더 풍성히 얻게 하려는 것이라" (요 10:10)

예수님은 우리를 새롭게 변화시키고 우리가 하나님의 계획에 따라 풍성하고 의미 있는 삶을 살기를 원하신다.

3. 오늘날 많은 그리스도인들이 풍성한 삶을 살지 못하고 있다. 학생용 교재 13p

1 초대교회 그리스도인들의 삶과 오늘날의 그리스도인들의 삶에는 큰 차이가 있다. 오늘날 그리스도인들은 성경에서 가르치고 있는 능력있고 열매 맺는 승리의 삶을 살지 못하고 있다.

존 필립스(J. B. Phillips)는 그가 번역한 신약성경 속에 나오는 「신약성경의 서신서 서문(Introduction to the New Testament Epistles)」이라는 글에서, "초대교회의 성도들과 오늘날의 성도들 사이에는 큰 차이가 있다. 오늘날 우리에게 기독교란 윤리 규범이나 삶의 철학, 또는 생활의 기준 정도 일뿐이지만 초대교회 성도들에게 기독교란 삶 전체를 새롭게 바꾸는 능력이었다. 그들에게 기독교가 무엇이냐고 물으면 그리스도가 내 안에 사는 것이라고 말하기를 주저하지 않았다. 그들이 믿는 것을 우리가 믿는다면 그들이 이룬 것을 우리도 이룰 수 있을 것이다." 라고 결론지었다.

2 초대교회 그리스도인들은 살아계신 하나님을 증거하며 세상에 큰 영향을 끼쳤다.

역사상 그렇게 적은 무리의 그리스도인들이 그처럼 큰 영향을 세상에 끼친 적이 없었다. 기독교를 핍박하던 사람들도 '그리스도인들이 온 천하를 어지럽게 한다.' 고 말할 정도로 그들의 영향력은 대단했다.

(1) 그들은 실제로 성령 충만이 무엇인지 알고 있었다.

(2) 그들은 죄를 깨끗하게 하시는 하나님의 사랑과 용서를 체험하고 이를 널리 전했다(행 26:15~18).

3 우리는 인류 역사상 가장 절망적이고 그 어느 때보다도 절실하게 복음을 필요로 하는 시대에 살고 있다.

(1) 전 세계는 공포와 근심과 좌절로 가득 차 있다.
세계 여러 지역이 위기와 혼란에 빠져 있다. 특히 지구 온난화로 인한 가뭄과 홍수, 환경 오염, 기아와 질병, 경제 위기, 전쟁과 인종분쟁 등으로 많은 사람들이 고통 가운데 있다. 또한 포스트모더니즘의 영향으로 인간은 절대 진리를 부정하고 모든 것을 상대화시키고 다원화시킴으로 정신적 심리적 공황상태에 빠져있다.

(2) 지금은 복음을 전하기에 가장 좋은 때이다. 사람들이 세계적인 위기와 갈등으로 인해 하나님을 찾고 있다.
이런 위기 가운데 성령님은 전 세계 사람들의 마음에 영원한 것과 절대적인 것에 대한 영적 갈급함을 주셨다. 지금이 복음을 전하는 최고의 기회다.
아프리카, 남미, 아시아 등 세계 여러 지역에서 그리스도께로 돌아오는 사람들의 수가 꾸준히 증가하고 있다. 그런데 영적인 추수는 아주 소수의 그리스도인들에 의해서만 이루어지고 있다.

4 이런 때에 사람들이 그리스도를 믿고 싶어 할 만큼 그리스도인들이 영향력 있는 삶을 살지 못하고 있다.

(1) 그리스도인들이 하나님의 능력과 자원을 활용하는 법을 알지 못한다.

(2) 세상의 빛과 소금의 역할을 감당하지 못하고 있을 뿐 아니라 그리스도를 효과적으로 전하는 방법을 모른다.

4. 세 종류의 사람

학생용 교재 14p

성경은 세 종류의 사람에 대해 말하고 있다. 이를 통해 우리는 왜 많은 그리스도인들이 영향력 있는 삶을 살지 못하는지 알 수 있다(고전 2:14~3:3).
(성경을 찾아 읽게 하라.)

1 비그리스도인(육에 속한 사람)
- 예수 그리스도를 영접하지 않은 사람(고전 2:14)

(1) 모든 일을 자신의 힘과 노력에만 의존한다.

(2) 죄 때문에 하나님과 영적으로 분리되어 있다(영적 죽음).

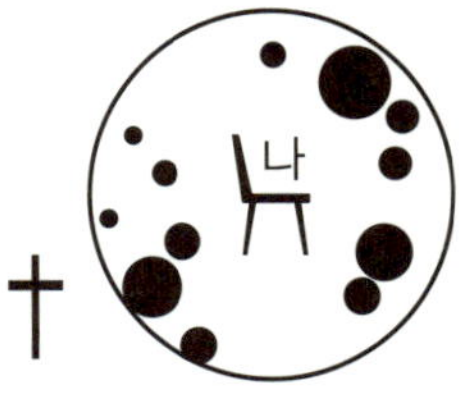

2 성령 충만한 그리스도인(신령한 사람)

- 성령의 능력과 인도를 받는 사람(고전 2:15~16)

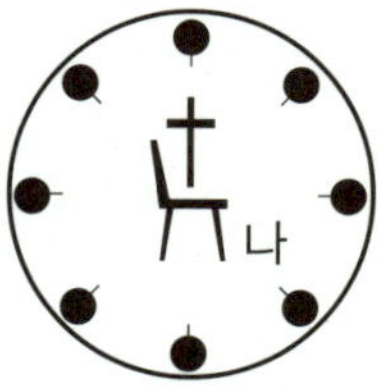

(1) 하나님과의 생생한 교제 가운데 살아가며, 하나님의 무한하신 사랑과 능력을 계속 공급받는다.

(2) 예수 그리스도께서 그의 안에서, 그를 통해 사시기 때문에 그는 성령의 열매를 맺으며(갈 5:22~23), 예수 그리스도를 다른 사람에게 전함으로 하나님을 영화롭게 한다(요 15:8).

3 세상적인 그리스도인(육신에 속한 그리스도인)

- 자기 힘으로 살아가려는 그리스도인(고전 3:1~3)

(1) 그리스도인이지만 패배하고 좌절하며 열매를 맺지 못한다.

(2) 성령의 인도하심을 받지 않는다.

(3) 죄의 노예가 되어 살고 있다(롬 7:14~20).

(4) 자신이 세상적인 그리스도인이라는 사실조차 깨닫지 못하고 있다(롬 7:20~25).

(여기서는 강의자 자신이 경험한 성령의 사람과 세상적인 그리스도인의 삶에 대해 간략하게 나누는 것도 효과적이다.)

5. 성령의 사람이 되는 방법 학생용 교재 15p

1 세상적인 그리스도인은 성령을 통하여 믿음으로 자아 중심의 삶에서 벗어나 죄를 이기는 능력 있는 삶을 살 수 있다(롬 7:25~8:4).

자기 힘에 의존하는 종교적인 생활은 패배와 좌절에 이를 뿐이다. 우리는 믿음으로 우리 안에 살아계신 예수님의 부활의 능력과 생명을 체험할 수 있다.

(1) 하나님의 사랑과 용서를 체험하고 성령의 사람으로 살 수 있는 열쇠는 오직 믿음이다.

(2) 그리스도인의 믿음의 대상은 하나님과 그분의 말씀이다.

"믿음이 없이는 기쁘시게 못하나니 하나님께 나아가는 자는 반드시 그가 계신 것과 또한 그가 자기를 찾는 자들에게 상주시는 이심을 믿어야 할지니라" (히 11:6)

믿음에 있어서 중요한 것은 믿음의 대상이다. 우리는 비록 믿음이 약하다 할지라도 신실하신 하나님과 그분의 말씀에 믿음의 근거를 두어야 한다. 하나님은 신뢰할수록 더욱 그분의 사랑과 능력을 경험하게 된다.

(3) 안타깝게도 많은 그리스도인들이 마치 하나님이 존재하시지도 않고 그들을 도와주시지도 않는 것처럼 살아간다.

어떤 사람이 태평양을 건너는 배의 승선표를 예약했다. 그는 배표를 사기 위해 모든 돈을 썼기 때문에 얼마 남지 않은 돈으로 배 안에서 먹을 건빵을 준비했다. 바다에서 처음 며칠은 건빵을 맛있게 먹었지만 점차 싫증이 나기 시작했다. 식당 종업원이 다른 손님들을 위해 스테이크, 새우 요리, 닭고기 등 맛있는 음식을 나르는 것을 날마다 보면서 그는 몹시 배가 고팠다. 드디어 그는 식당 종업원 한 사람을 불러 말하기를 "스테이크 한 접시만 먹을 수 있다면 무슨 일이든 하겠습니다. 접시도 닦고 방도 치우고 갑판이라도 정리하겠습니다." 라고 했다. 그러자 식당 종업원이 이렇게 대답했다. "당신은 배표를 사지 않았습니까? 그 배표에 음식 값이 포함되어 있습니다."

이처럼 오늘날 많은 그리스도인들이 하나님께서 주시는 풍성한 식탁을 누리지 못하고 어리석게도 '건빵만 먹는 그리스도인' 이 되어 버렸다. 이들은 하나님을 믿는다고 하지만 실제로 하나님이 존재하지도 않고 그들을 돕지도 않는 것처럼 행동한다. 하나님의 모든 자원을 소유하고 있으면서도 이를 활용하지 않아서 영적 가난에 빠져 있다.

그러면 어떻게 세상적인 그리스도인이 성령의 사람이 될 수 있는가?

2 세상적인 그리스도인은 '영혼의 호흡' 을 함으로써 성령 충만한 그리스도인이 될 수 있다. 영혼의 호흡이란 숨을 내쉬듯이 죄를 고백하고 숨을 들이마시듯이 성령 충만을 받는 것이다.

(1) **내쉼** - 요한일서 1:9에 있는 하나님의 약속에 따라 우리의 죄를 고백하는 것이다.

"만일 우리가 우리 죄를 자백하면 그는 미쁘시고 의로우사 우리 죄를 사하시며 우리를 모든 불의에서 깨끗하게 하실 것이요" (요일 1:9)

고백에는 다음과 같은 요소들이 포함된다.

① 동의 - 우리의 죄가 잘못된 것이며 하나님을 슬프시게 한다는 사실에 동의한다.

② 감사 - 예수 그리스도께서 십자가에서 죽으심으로 우리의 모든 죄 곧 과거, 현재, 미래의 모든 죄를 용서해 주셨음을 감사한다.

③ 회개 - 성령의 능력을 힘입어 죄에 대한 우리의 태도와 행동을 바꾼다.

(2) **들이쉼** - 믿음으로 성령 충만을 받는 것이다(이것은 다음 강의에서 다룰 것이다).

내뿜는 일

당신의 죄를 고백하라.
당신의 죄에 대해 하나님께 동의하고 요한일서 1:9에 따라 죄를 용서해 주심을 감사하라.
죄의 고백은 태도와 행동을 바꾸는 회개를 포함한다.

들이마시는 일

믿음으로 성령 충만을 구하고 당신의 삶을 성령께 맡기라.
에베소서 5:18의 명령과 요한일서 5:14~15의 약속에 따라 성령 충만을 구하면 성령께서 당신을 다스리시고 능력을 주실 것이다.

6. 죄를 고백해야 하는 이유

학생용 교재 16p

1 우리의 죄를 용서 받을 수 있는 근거는 예수 그리스도께서 우리의 죄를 대신하여 십자가에서 죽으셨다는 사실에 있다(히 10:10, 14).
우리의 죄를 해결하기 위해 그리스도가 십자가에서 죽으신 것 외에 우리가 할 수 있는 것이 없고 또한 더 할 필요도 없다. 우리가 할 일은 예수님이 대속의 죽음을 받아들여 하나님의 죄 용서하심과 깨끗케 하심을 믿는 것이다(요일 1:9).

2 히브리서 10장에 의하면 예수 그리스도께서는 단번에 우리의 모든 죄를 용서해 주셨다.
예수님이 십자가에 죽으심으로 우리의 과거, 현재, 미래의 모든 죄가 이미 용서를 받았으므로 죄를 고백한다고 해서 죄를 더 많이 용서받는 것은 아니다. 그렇다면 왜 죄를 고백해야 하는가?

3 죄 고백은 우리를 향한 하나님의 사랑에 응답하는 것이며 믿음의 표현이고 순종의 행위이다. 죄 고백은 하나님께서 예수 그리스도의 죽음을 통해 이미 우리의 모든 죄를 용서해 주신 것을 실제로 체험하게 해준다.

4 죄를 고백함으로 우리는 계속 하나님과 교제할 수 있다. 만일 죄를 고백하기를 거절하면 우리는 육신에 속하게 되고 하나님의 빛 가운데서 살아가는 대신 어둠 속에서 헤매게 될 것이다(요일 1:7).

하나님께서 죄를 생각나게 하실 때 그 죄를 고백하지 않으면, 하나님과의 교제가 끊어지게 되고 마음의 평안을 상실하며 세상적인 그리스도인이 된다. 살인, 도둑질, 사기, 부도덕한 성관계 등의 죄를 짓지 않았다고 해도 미움, 시기, 질투, 원망, 불평, 분노 같은 죄를 지을 수 있다. 하나님은 이런 죄들도 고백하기를 원하신다.

하나님이 깨닫게 하시는 죄를 고백하지 않으면 마치 플러그를 빼버린 전열기처럼 우리는 그리스도인으로서 아무런 능력을 경험할 수 없고 기도를 해도 하나님이 약속하신 풍성한 삶을 누릴 수 없다(시 66:18). 성경을 공부해도 의미가 없고 전도를 해도 열매가 없다.

죄 고백은 하나님과의 계속적인 교제를 회복하는 유일한 방법이다. 죄 고백은 죄를 지었음에도 불구하고 여전히 우리를 사랑하시는 하나님의 무조건적인 사랑에 우리가 응답하는 것이다.

7. 적용

학생용 교재 17p

1 성령께 당신의 죄를 깨닫게 해 달라고 간절히 기도하라.

우리의 죄가 해결되기 전까지는 하나님이 예비해 두신 풍성한 삶을 경험할 수 없으며 하나님께 쓰임 받을 수 없다.

2 성령께서 깨닫게 해 주시는 죄들을 종이에 적고 하나님께 고백하라.

이 목록은 오직 하나님께만 고백하는 것이므로 정직하게 적어야 한다.

3 죄를 다 고백한 후에 요한일서 1:9을 죄 목록 위에 대각선으로 적으라.

4 죄 목록을 찢어 버리고 당신의 모든 죄를 용서해 주신 하나님께 감사하라.

(지금 시간을 주어 죄 목록을 적고 고백하고 찢어버리게 하라.)

5 혹시 금전적으로나 물리적인 배상을 해야 한다면 배상하라.

6 하나님께서는 당신이 고백한 죄를 완전히 용서하셨다는 사실을 명심하라. 성령께서 깨닫게 해 주신 죄를 고백했는데도 죄의식이 남아 있다면 그것은 하나님이 주신 것이 아니라 사탄이 준 것이다(시 103:12).

(감정에 의존하지 말 것을 강조하라.)

사실
믿음
감정

강의 2 학생용 교재 18p

성령 충만 체험하기

개관 목적

믿음으로 성령 충만을 받는 방법을 배우고 실천한다.

학습 목표

1. 성령이 누구시며 왜 오셨는지를 이해한다.
2. '성령 충만' 의 개념을 이해한다.
3. "영혼의 호흡" 중 '들이쉼' (믿음으로 성령 충만 받는 법)을 이해하고 생활에서 실천한다.

개요

서론 (5분)

1. 성령은 누구신가? (5분)

2. 성령은 왜 오셨는가? (3분)

3. 성령 충만을 받는다는 것은 무슨 뜻인가? (7분)

4. 왜 성령 충만을 받지 못하는가? (8분)

5. 어떻게 성령 충만을 받을 수 있는가? (8분)

6. 성령 충만 받은 것을 확신할 수 있는 근거는 무엇인가? (2분)

7. 꼭 기억해야 할 사실 (6분)

8. 적용 (6분)

☞ 강의 포인트

성령이 누구신지를 알고 성령 충만의 개념을 이해하며 실제 성령 충만을 받는 것이다.

서론 : 그리스도인의 삶에서 가장 중요한 것은 성령 충만을 받는 것이다.

1 그리스도인의 삶은 자신의 힘으로 살 수 없다.

그리스도인이 성령 충만 즉 성령의 지배를 받고 그분의 능력을 힘입는다면, 그의 삶은 지금보다 훨씬 능력 있고 풍성하게 될 것이다.

2 예수님의 제자들은 3년간 예수님과 함께하며 가르침과 훈련을 받았다. 그렇지만 예수님께서는 그들이 지상 명령을 성취하기 위해서는 성령으로 충만해야 한다고 말씀하셨다(행 1:8).

예수님이 부활하시고 승천하시기 전에 제자들에게 하신 마지막 명령은 모든 족속을 제자로 삼으라는 것이었다(마 28:19). 예수님은 제자들이 3년간 훈련을 받았지만 성령의 충만을 받지 않고는 그런 사역을 할 수 없다는 것을 알고 계셨다. 그래서 예수님은 그들에게 예루살렘을 떠나지 말고 성령이 임하시기까지 기다리라고 말씀하셨다(눅 24:49). 그리스도인의 삶과 사역은 오직 성령을 통해서만 가능하다. 오랜 시간 많은 제자화 프로그램을 이수한다 해도 성령의 능력이 아니고서는 승리하는 제자의 삶을 살아갈 수 없다.

3 주님은 자신이 하신 일보다 더 큰 일을 우리가 할 수 있다고 말씀하셨다(요 14:12~14).

(요 14:12~14을 읽게 하라.)

이 말씀은 성령 충만을 받은 전 세계의 그리스도인들이 함께 사역하게 될 때 나타날 결과를 염두에 두고 하신 말씀이다. 성령 충만을 받은 초대교회 제자들이 인류 역사의 방향을 바꾸어 놓았듯이 오늘날 우리에게도 초대교회에 역사하신 성령의 능력이 필요하다. 그리스도인이라면 누구나 이 능력을 받을 수 있다. 여러분도 이 능력을 받을 수 있다.

4 유감스럽게도 많은 그리스도인들이 성령 충만 받는 방법을 모르고 있다.

성령 충만 받는 방법을 모르기 때문에 많은 그리스도인들이 그리스도가 약속하신 풍성하고 열매 맺는 삶을 경험하지 못한 채 살아가고 있다.

다음 질문에 대한 답이 성령 충만한 생활을 알고 경험하는데 도움을 줄 것이다.

- 성령은 누구신가?
- 성령은 왜 오셨는가?
- 성령 충만을 받는다는 것은 무슨 뜻인가?
- 왜 성령 충만을 받지 못하는가?
- 어떻게 성령 충만을 받을 수 있는가?
- 성령 충만 받은 것을 확신할 수 있는 근거는 무엇인가?

이제 이 질문들을 하나씩 살펴보기로 하자.

1. 성령은 누구신가?　　학생용 교재 19p

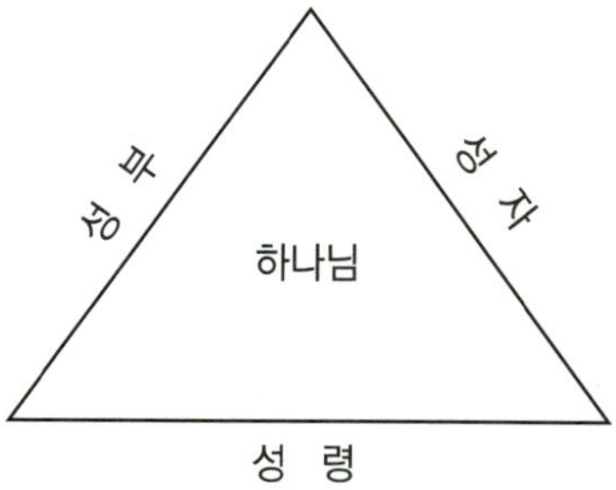

1 성령은 하나님이시다(행 5:3~4).

성령은 '그것'(it)이 아니며 신비한 능력이나 어떤 추상적인 개념이 아니다.

2 성령은 지성과 감정과 의지를 가지신 인격이시다(고전 2:11; 엡 4:30; 고전 12:11).

"사람의 일을 사람의 속에 있는 영 외에 누가 알리요 이와 같이 하나님의 일도 하나님의 영 외에는 아무도 알지 못하느니라"(고전 2:11)

"하나님의 성령을 근심하게 하지 말라 그 안에서 너희가 구원의 날까지 인치심을 받았느니라"(엡 4:30)

"이 모든 일은(은사를 주시는 것은) 같은 한 성령이 행하사 그의 뜻대로 각 사람에게 나누어 주시는 것이니라"(고전 12:11)

3 성령은 성부, 성자와 동등한 삼위일체의 제3위이시며 하나님의 모든 속성을 지닌 하나님이시다(마 28:19; 고후 13:13).

삼위일체 하나님이란 성부, 성자, 성령 하나님으로 세 인격이시지만 한 하나님이심을 말한다. 어느 누구도 삼위일체를 정확히 이해하거나 설명할 수 없다. 어떤 신학교 교수는 "삼위일체를 부정하는 사람은 그의 영혼을 잃어버리게 될 것이고, 삼위일체를 이해하려고 하는 사람은 그의 마음을 잃어버릴 것이다"라고 말했다. 유한한 인간이 무한하신 하나님을 다 이해한다는 것은 불가능하다. 삼위일체 하나님에 대한 진리는 우리가 완전히 이해하고 설명할 수 없지만 성경에서 말씀하시므로 믿음으로 받아들여야 한다.

2. 성령은 왜 오셨는가?　　학생용 교재 19p

1 그리스도를 영화롭게 하고 우리를 모든 진리 가운데로 인도하기 위해서 오셨다(요 16:13~14).

"그러나 진리의 성령이 오시면 그가 너희를 모든 진리 가운데로 인도하시리니 그가 스스로 말하지 않고 오직 들은 것을 말하며 장래 일을 너희에게 알리시리라 그가 내 영광을 나타내리니 내 것을 가지고 너희에게 알리시겠음이라"(요 16:13~14)

예수님이 승천하신 후에 이 세상에 오신 성령은 예수님이 가르치신 모든 말씀을 제자들에게 생각나게 하시고 영감을 주어 오류 없이 이를 기록하게 하셨다. 따라서 성령은 주님의 말씀을 우리가 읽을 때 그 진리를 깨닫게 해주신다.
성경은 성령에 의해 영감을 받은 책이므로 성령 충만한 사람만이 성경을 올바로 이해하고 순종할 수 있다.

2 우리가 기도할 수 있도록 도와주시기 위해 오셨다(롬 8:26).

3 우리가 그리스도를 알고 그분을 위해 살게 하려고 오셨다(고전 12:3).
성령을 떠나서는 그리스도를 아는 것조차 불가능하다(고전12:3).
성령은 우리를 하나님의 자녀로 거듭나게 하시고(요 1:12), 그리스도를 닮아 하나님의 성품을 가진 거룩한 삶을 살게 하신다(벧후 1:4).

4 우리에게 예수 그리스도를 증거 할 수 있는 능력을 주시기 위해 오셨다(행 1:8).
복음을 증거 하는 삶을 살도록 능력을 주시며(행 1:8), 성령의 열매와 전도의 열매를 맺게 해주신다(요 15:8; 갈 5:22~23).

3. 성령 충만을 받는다는 것은 무슨 뜻인가? 학생용 교재 20p

1 성령 충만을 받는 것은 그리스도로 충만함을 받는 것이다.
'충만' 이라는 말은 지배를 받는다는 뜻으로, 성령 충만은 그리스도의 지배를 받는 것이고 그리스도 안에 거하는 것이다.
그리스도의 지배를 받는다는 것은 로봇이나 꼭두각시처럼 시키는 대로 하는 것이 아니라 적극적으로 성령의 인도하심을 받고 능력을 받아 열매 맺는 삶을 사는 것이다.

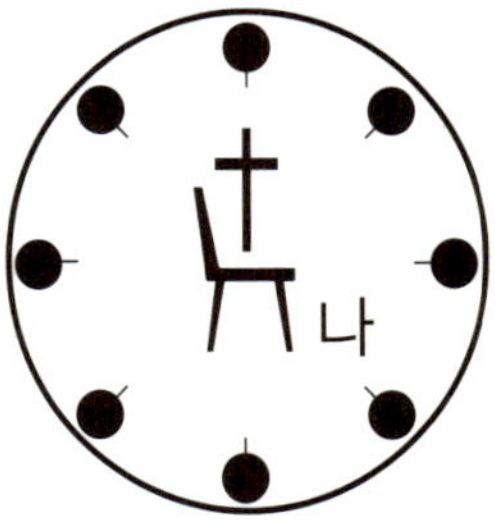

2 우리가 성령 충만할 때(성령의 지배를 받을 때) 예수님이 부활의 능력으로 우리 안에서 하나님을 기쁘시게 하는 삶을 살아가신다.
즉 부활하신 그리스도가 내 입을 통해 말씀하시고 나의 마음을 통해 사랑하시고 나의 손과 발을 통해 사람들을 돕고 봉사하시고 구제하신다. 그리스도가 우리 안에 사시고 우리를 통해 그분의 삶을 살아가신다는 것은 놀라운 진리이다(갈 2:20).

3 성령 충만한 그리스도인은 하나님이 예비하신 풍성한 삶을 살 수 있다.

(1) 거룩한 삶을 살 수 있다(벧전 1:14~16).

하나님은 거룩하시다. 하나님의 자녀가 된 우리는 하나님의 거룩한 성품에 참여하는 자들이다. 거룩한 삶을 살기 위해서는 오직 성령 충만을 받아야만 한다.

(2) 성령의 열매를 맺을 수 있다(갈 5:22~23; 마4:19).

성령의 열매는 내적인 열매와(갈 5:22~23) 외적인 열매가 있다(마 4:19).

내적 열매 : 지속적으로 성령 충만한 삶을 살 때 "사랑, 희락, 화평, 오래 참음, 자비, 양선, 충성, 온유, 절제"와 같은 인격의 열매를 맺는다.

외적 열매 : 잃어버린 자를 찾아 구원하라고 하신 예수님의 명령을 좇아 전도의 열매를 맺는다.

(3) 하나님의 말씀을 이해하고 그 말씀대로 살 수 있다(요 16:13).

성령께서는 우리가 성경을 정확하게 이해하고 순종할 수 있게 해주신다.

(4) 어려움을 믿음으로 극복하고 승리하는 삶을 살 수 있다(빌 4:13).

(성경 구절을 읽게 하라.)

"내게 능력 주시는 자 안에서 내가 모든 것을 할 수 있느니라"(빌 4:13).

승리하는 그리스도인의 삶의 비결은 우리의 힘, 재능, 방법을 의지하는 것이 아니라 오직 성령을 의존하는 것이다. 또한 하나님은 성령을 통하여 우리에게 일어나는 모든 일들이 우리에게 유익하도록 역사해 주신다(롬 8:28).

4. 왜 성령 충만을 받지 못하는가?

학생용 교재 20p

1 성령 충만에 대해 잘 모르기 때문이다(지식의 결핍).

(1) 하나님께서 우리를 얼마나 사랑하시는지 불신자들이 안다면, 더 이상 불신자로 살아가지 않을 것이다. 마찬가지로 세상적인 그리스도인 역시 성령 충만한 삶이 얼마나 풍성한지를 안다면, 더 이상 세상적인 그리스도인으로 살지 않을 것이다.

(2) 많은 그리스도인들이 하나님의 자녀로 거듭난 순간부터 그리스도 안에서 성장하고 승리하는 삶을 살아가는데 필요한 모든 능력을 받았다는 사실을 모르고 있다.

(3) 많은 그리스도인들이 믿음으로 성령 충만 받는 방법과 그리스도인의 영적 유산을 모른 채 패배하는 삶을 살아가고 있다. 그 결과 그들은 그리스도의 부활의 능력을 사용하지 못하고 풍부한 자원을 경험하지 못한 채 영적인 빈곤 상태에서 살아가고 있다.

예이츠 풀 예화를 사용하라.

미국 텍사스에 예이츠 풀(Yates Pool)이라고 알려진 유명한 유전(油田)이 있다. 이곳은 원래 예이츠라는 사람이 소유하고 있던 양치는 목장이었다. 예이츠는 목장의 경영이 어려워 토지 저당의 원금과 불어나는 이자를 갚지 못해 목장을 잃어버릴 위기에 놓여 있었다. 먹을 것과 입을 것을 해결할만한 돈도 없었기 때문에 그의 가족은 국가 보조금에 의지해서 살아야 했다. 그는 매일 언덕 위로 양떼를 몰고 나가면서 그의 부채를 어떻게 갚아야 할지 몹시 염려했다. 그러던 어느 날 한 석유 회사의 지질학자들이 와서 그의 땅에서 석유가 나올 것 같다고 말했다. 그들은 유전 시굴을 요청했고 그는 곧 임대 계약에 서명했다. 그들은 지하 340미터에서 거대한 유전을 발견했다. 첫 번째 시추공에서 하루에 8만 배럴의 석유가 쏟아졌다. 이어지는 시추공들에서도 매장량이 두 배가 넘을 만큼 많았다. 유전 발견 30년 후에 정부가 그 중 한 시추공을 조사해보니 아직도 매일 12만5천 배럴을 더 얻을 수 있다는 것이 밝혀졌다.
예이츠는 그 모든 것들을 소유했던 사람이다. 그가 목장을 산 날부터 그 땅의 석유와 광물은 전부 그의 것이었다. 그러나 그는 국가 보조금을 받으며 살았다. 백만장자가 가난하게 살다니! 무엇이 문제인가? 그는 석유가 그곳에 있는 것을 몰랐던 것이다. 그것이 자신의 것인데도 그는 누리지 못했다.

참고 : 예이츠 풀은 아이라와 앤 예이츠(Ira and Ann Yates)의 소유로서 유전 발견 후 1926년부터 2008년 까지 약 1억 배럴의 석유를 시추했다. 2009년에 전문가들은 아직도 그 땅에 1억 배럴의 석유가 묻혀 있다고 추산하고 있다(Wikipedia, "Yates-Oil-Field," http://en.wikipedia.org/wiki/Yates_Oil_Field[accessed November 22, 2012].).

2 하나님을 신뢰하지 못하기 때문이다(불신앙).

(1) 말씀에 대한 무지 외에 그리스도인이 성령 충만을 받지 못하는 또 다른 이유는 하나님에 대한 불신앙이다. 히 11:6은 "믿음이 없이는 하나님을 기쁘시게 못한다" 고 말한다.
많은 그리스도인들이 근본적으로 하나님의 사랑과 신실하심을 믿지 않는다.
어느 날 자녀가 부모님의 사랑을 믿지 못하겠다고 말한다면 어떤 기분이 들까? 부모는 마음에 큰 상처를 받을 것이다. 우리도 하나님께 이런 태도를 보이고 행동할 때가 많다. 말은 그렇게 하지 않아도 태도나 행동에서는 마치 하나님이 안 계신 것처럼 행동한다.

(2) 어떤 그리스도인들은 원하지 않는 일을 하나님께서 하라고 하실까봐 두려워한다. 예를 들면 외딴 곳에 선교사로 가라거나, 전 재산을 바치라거나, 삶의 재미와 기쁨을 포기하라거나, 인생의 꿈과 계획을 바꾸라고 하거나, 고난의 삶으로 이끄실 것이라는 생각을 한다. 하나님은 그런 분이 아니다. 우리를 사랑하시고 변함없는 관심을 가지고 계신다. 주님은 "너희가 악한자라도 좋은 것으로 자식에게 줄줄 알거든, 하물며 하늘에 계신 너희 아버지께서

구하는 자에게 좋은 것으로 주시지 않겠느냐?"(마 7:11)라고 말씀하셨다. 혹시 하나님께서 우리가 원치 않는 것을 요구하신다 해도 그것은 우리에게 축복을 주시려고 하는 것이다. 기꺼이 순종할 때 당신은 그 축복을 누릴 수 있다(요 14:21).

5. 어떻게 성령 충만을 받을 수 있는가? 학생용 교재 21p

1 믿음으로 성령 충만을 받는다.

"또 우리로 하여금 믿음으로 말미암아 성령의 약속을 받게 하려 함이라"(갈 3:14하)

당신이 믿음으로 그리스도인이 된 것처럼(엡 2:8~9), 성령 충만도 믿음으로 받는다.

2 믿음으로 성령 충만을 받기 위해 몇 가지 필요한 것이 있다.

(1) 하나님이 기뻐하시는 삶을 살려는 열망이 있어야 한다(마 5:6).
하나님을 기쁘시게 하려는 열망이 있을 때 성령으로 충만한 삶을 살고 싶어 한다.

(2) 성령께서 기억나게 하시는 죄를 고백하고 그분의 용서를 체험해야 한다(요일 1:9).
더러운 그릇에는 깨끗한 것을 담을 수 없다. 우리의 마음과 영혼도 죄로 더럽혀져 있으면 거룩한 성령님이 우리의 삶을 주관하실 수 없다.

(3) 하나님이 명령하신 대로 당신의 삶을 예수 그리스도께 드려야 한다.

"그러므로 형제들아 내가 하나님의 모든 자비하심으로 너희를 권하노니 너희 몸을 하나님이 기뻐하시는 거룩한 산 제물로 드리라 이는 너희가 드릴 영적 예배니라 너희는 이 세대를 본받지 말고 오직 마음을 새롭게 함으로 변화를 받아 하나님의 선하시고 기뻐하시고 온전하신 뜻이 무엇인지 분별하도록 하라"(롬 12:1~2)

(성경 말씀을 읽으라.)
우리가 하나님께 드려야 하는 진정한 예배는 우리 몸을 거룩한 산 제물로 드리는 것, 즉 삶 전체를 다 드리는 완전한 헌신을 의미한다.

3 매일의 삶 속에서 '영혼의 호흡'을 통하여 성령 충만한 삶을 지속할 수 있다.
'영혼의 호흡'이란 숨을 내쉬듯이 죄를 고백하고, 숨을 들이마시듯이 성령 충만을 받는 것이다.
(1) 내쉼 - 요한일서 1:9에 있는 하나님의 약속에 따라 우리의 죄를 고백하는 것이다. 고백에는 동의, 감사, 회개가 포함된다.
(2) 들이쉼 - 믿음으로 성령 충만을 받는 것이다.

6. 성령 충만 받은 것을 확신할 수 있는 근거는 무엇인가? 학생용 교재 21p

1 하나님은 우리에게 성령 충만 받으라고 명령하셨다(엡 5:18).

성령 충만 받는 것은 하나님의 뜻이다. 모든 그리스도인이 이 명령에 순종해야 한다.

2 하나님은 우리가 하나님의 뜻대로 기도하면 응답하신다고 약속하셨다(요일 5:14~15).

우리가 명령에 순종하여 성령 충만을 간구하면, 하나님은 반드시 우리의 기도를 들어주신다. 하나님은 신실하셔서 약속하신 것을 반드시 지키신다.

7. 꼭 기억해야 할 사실 학생용 교재 21p

1 당신이 그리스도인이라면 성령께서 이미 당신 안에 거하신다(롬 8:9).

"만일 너희 속에 하나님의 영이 거하시면 너희가 육신에 있지 아니하고 영에 있나니 누구든지 그리스도의 영이 없으면 그리스도의 사람이 아니라" (롬 8:9)

2 성령 충만은 한 번만 받는 것이 아니라 순간순간 계속 받아야 한다.

성령 충만을 받는 것은 처음이자 마지막으로 경험하는 것이 아니라 살아가는 동안 계속 받아야 한다.

3 우리는 믿음으로 성령 충만을 받는다.

우리가 구원을 받을 때 믿음으로 받았듯이 성령 충만도 믿음으로 받는다. 우리 자신의 힘으로는 하나님을 기쁘시게 할 수 없다. 십자가에서 우리의 모든 죄를 담당하신 예수 그리스도를 신뢰하고 의지해야 한다. 그리스도인의 삶은 믿음으로 시작해서 믿음으로 완성된다.

4 순간순간 성령 충만을 받고 지속적으로 성령 안에서 살아가게 되면 우리는 자아에 대하여는 죽고 하나님에 대하여 살게 된다(롬 6:10~11).

롬 6:10~11에서는 우리가 죄에 대해 죽었다는 사실을 강조하고 있다. 그러나 실제 생활 속에서 그리스도인은 성령의 소원과 육신의 욕망 사이에서 끝없는 싸움을 벌이며 살아간다(갈 5:17). 우리는 하나님의 뜻대로 순종하기보다는 늘 내 마음대로 하고 싶은 욕망에 사로잡힌다. 우리의 육신은 끊임없이 우리 마음의 왕좌를 차지하려고 한다. 주님은 절대로 우리 마음의 왕좌를 강제로 차지하지 않으신다. 우리가 자원함으로 마음의 왕좌를 내어드릴 때 그분은 우리 마음의 왕좌에 앉아 다스리신다. 내가 나 자신을 지배하면서 동시에 성령의 지배를 받을 수 없다. 내가 내 마음의 왕좌에 앉아 있으면 그리스도는 나를 주관하실 수 없다. 그러므로 우리가 우리 마음의 왕좌를 차지했다는 사실을 깨닫는 순간 죄를 고백하고(내쉼) 즉시 내려와 주님께 우리 마음의 왕좌에 앉아 다스려 주시기를 요청해야 한다(들이쉼). 이처럼 순간순간 내쉼과 들이쉼을 통해 영혼의 호흡을 실천해야 한다.

5 우리는 성령 충만을 받은 후에 감정에 의존해서는 안 된다.

믿음과 순종의 결과인 감정도 중요하지만 감정에 의존해서는 안 된다. 성령은 감정적인 경험을 하게 하려고 오신 것이 아니라 거룩한 삶을 살고 열매 맺는 삶을 살게 하려고 오셨다.

8. 적용

학생용 교재 22p

1 만일 고백하지 않은 죄가 있다면 성령께 생각나게 해 달라고 기도하라(요일 1:9).

2 하나님의 명령과 약속에 근거하여 믿음으로 성령 충만을 구하라(엡 5:18; 요일 5:14~15). 우리는 오직 믿음으로만 성령 충만을 받을 수 있다. 그리고 진실한 기도는 당신의 믿음을 표현하는 한 가지 방법이다. 다음의 기도를 드리라.

"사랑하는 하나님 아버지, 저는 주님이 필요합니다. 제가 저의 삶을 다스려 왔고 그 결과로 죄를 지었음을 고백합니다. 예수 그리스도께서 십자가에 죽으심으로 저의 모든 죄를 용서해 주심을 감사합니다. 주님께서 성령 충만 받으라고 명령하시고, 믿음으로 구하면 주시겠다고 약속하신 말씀대로 저를 성령으로 충만하게 하옵소서. 주님께서 제 삶의 중심을 취하여 주시고 저를 다스리심을 감사 드리며 예수님의 이름으로 기도합니다. 아멘"

성령 충만 받기를 원한다면, 바로 지금 하나님께서 당신을 성령으로 충만케 해 주실 것을 믿고 기도를 드리라.

"이 시간 제가 이 기도를 드릴 때 한 마디씩 저를 따라 기도하시기 바랍니다."
(한마디씩 기도를 인도하라.)
"사랑하는 하나님 아버지, 저는 주님이 필요합니다. / … / 저를 다스리심을 감사드리며 예수님의 이름으로 기도합니다. 아멘" /

(기도를 마친 후 다음과 같이 말하라.)
여러분이 믿음으로 기도했다면 지금 여러분은 성령으로 충만한 것입니다. 마음속에 아무런 느낌이 없을 수도 있지만 성령으로 충만 받은 것을 확신하십시오.
제가 여러분을 위해 기도하고 마치겠습니다.

강의 3 학생용 교재 24p

성령 안에서 승리하며 살아가기

개관 목적

성령 충만한 삶을 지속적으로 살아가는 방법을 배우고 적용한다.

학습 목표

1. 성령 충만을 확신할 수 있게 된다.
2. 영적 싸움에 대비하는 방법을 알게 된다.
3. 하나님의 자녀로서의 권리와 자원을 사용하게 된다.
4. 믿음으로 살아가게 된다.

개요

서론 : 예수님은 우리에게 성령의 능력 안에서 풍성하고 열매 맺는 삶을 살 수 있다고 약속하셨다. (5분)

1. 성령 충만을 확신하라. (12분)

2. 영적 싸움에 대비하라. (13분)

3. 하나님의 자녀에게 주신 권리와 자원을 사용하라. (12분)

4. 믿음으로 살라. (5분)

5. 요약과 적용 (3분)

☞ 강의 포인트

성령 충만 받는 것이 풍성한 삶의 비결이라는 것과 계속해서 성령 충만한 삶을 살아가기 위해서는 4가지 요소를 알고 실천해야 함을 강조하라.

서론 : 예수님은 우리에게 성령의 능력 안에서 풍성하고 열매 맺는 삶을 살 수 있다 고 약속하셨다.

1 모든 그리스도인은 풍성하고 의미 있는 삶을 살아갈 수 있다(요 10:10; 14:12~14).

예수님은 "내가 온 것은 양으로 생명을 얻게 하고 더 풍성히 얻게 하려는 것이라" 고 말씀하셨다. 예수님을 영접한 사람들은 영원한 생명을 얻고 실제로 풍성한 삶을 경험할 수 있다.

2 그리스도인이 풍성한 삶을 사는 비결은 성령 안에서 살아가는 것이다. 그것은 예수님께서 부활의 능력으로 우리를 통해 사시는 것을 뜻한다(행 4:13).

그리스도인의 삶은 복잡하거나 어렵지 않고 단순하다. 그러나 초자연적인 삶이므로 우리의 힘으로는 불가능하고 예수님만이 그러한 삶을 살 수 있다. 바울은 그리스도인의 풍성한 삶을 명쾌하게 설명해 준다. "내가 그리스도와 함께 십자가에 못박혔나니 그런즉 이제는 내가 산 것이 아니요 오직 내 안에 그리스도께서 사시는 것이라 이제 내가 육체 가운데 사는 것은 나를 사랑하사 나를 위하여 자기 자신을 버리신 하나님의 아들을 믿는 믿음 안에서 사는 것이라" (갈 2:20). 그리스도인의 풍성한 삶은 그리스도께서 내 안에 주인으로 계셔서 하나님의 뜻과 계획에 맞게 살아가도록 그 다스리심에 나를 맡기고 순종함으로써 가능하다.

3 우리는 매순간 영혼의 호흡을 통하여 성령 안에서 살아갈 수 있다.

4 영혼의 호흡을 통하여 성령 안에서 살아가는 것은 단순하지만, 성령 안에서 승리하는 삶을 살기 위해 4가지 사실을 알아야 한다.

알아야 할 네 가지 사실은 '성령 충만을 확신하라.' '영적 싸움에 대비하라.' '하나님의 자녀로서의 권리와 자원을 사용하라.' '믿음으로 살라.' 이 내용들을 자세히 살펴보자.

1. 성령 충만을 확신하라.

학생용 교재 25p

1 예수님을 영접할 때 성령이 우리 안에 들어오심으로 하나님의 자녀가 된다. 당신이 그리스도인이라면 성령께서는 이미 당신 안에 거하신다(고전 3:16).

2 성령 충만이란 성령의 지배를 받으며 그분의 능력을 힘입는 것이다(엡 5:18).

에베소서 5:18에서는 술 취하는 것과 성령 충만 받는 것을 비교하고 있다. 술 취한 사람이 술의 지배를 받는 것처럼 성령 충만한 사람은 성령의 지배를 받는다. 그러나 성령님은 인격적이어서 우리가 자원하여 마음의 중심을 그분께 드릴 때 우리를 지배하시고 다스리신다.

그러므로 그리스도인이 계속해서 성령의 지배를 받으려면 순간순간 우리의 지성과 감정과 의지를 그리스도께 드려 그리스도께서 계속 우리 마음의 왕좌에서 우리를 다스리시도록 해야 한다.

3 많은 그리스도인들은 성령이 그들 마음속에 계시지만 예수 그리스도께서 약속해 주신 풍성한 자원을 활용하지 못하기 때문에 기복이 심한 신앙생활을 하고 있다.
그들이 그리스도의 풍성한 자원을 활용하지 못하는 것은 믿음보다는 감정적 경험에 의지하거나 성령 충만 받는 것을 모르기 때문이다. 그 결과, 그리스도인으로서 풍성한 삶을 살 수 없고 실패와 좌절에 빠지거나 무력감에서 헤어나지 못한다.

4 기복이 심한 신앙생활을 하는 그리스도인들은 '영혼의 호흡' 을 통해 성령 충만을 받고 예수 그리스도께서 약속하신 풍성한 삶을 살 수 있다(요 10:10).
우리의 몸이 생명을 유지하기 위해서는 끊임없이 숨을 내쉬고 들이마셔야 하는 것처럼 그리스도인이 영적으로 건강하고 풍성한 삶을 살기 계속 영혼의 호흡을 해야 한다.

(1) 내쉼 : 죄를 고백하는 것(요일 1:9)

① 동의 - 우리의 죄가 잘못된 것이며 하나님을 슬프시게 한다는 사실에 동의하는 것이다.

② 감사 - 우리의 죄를 위하여 예수 그리스도가 십자가에서 피 흘려 죽으심으로써 우리의 모든 죄, 곧 과거와 현재와 미래의 모든 죄를 용서해 주셨음을 인정하고 감사한다.

③ 회개 - 죄에 대한 우리의 태도를 바꾸는 것이며 성령의 능력을 힘입어 우리의 행동을 바꾸는 것이다.

(2) 들이쉼 : 믿음으로 성령 충만을 받는 것(엡 5:18; 요일 5:14~15)

① 명령 - 하나님은 우리에게 성령 충만 받으라고 명령하셨다.

"술 취하지 말라 이는 방탕한 것이니 오직 성령으로 충만함을 받으라" (엡 5:18)

② 약속 - 하나님은 우리가 하나님의 뜻대로 기도하면 응답하신다고 약속하셨다.

"그를 향하여 우리가 가진 바 담대함이 이것이니 그의 뜻대로 무엇을 구하면 들으심이라 우리가 무엇이든지 구하는 바를 들으시는 줄을 안즉 우리가 그에게 구한 그것을 얻은 줄을 또한 아느니라" (요일 5:14~15)

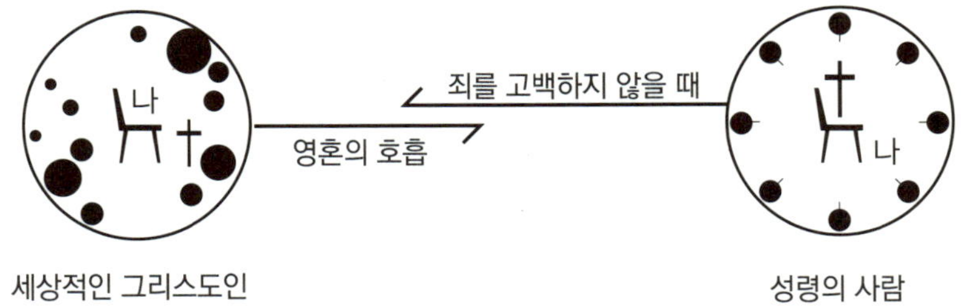

5 영혼의 호흡은 하나님께서 우리에게 주신 풍성한 자원을 순간순간 우리 것으로 활용하는 열쇠이다.

6 성령께서 우리를 충만케 하시고 능력을 주시도록 간구해야 한다.
하나님의 뜻대로 구하면 들으신다는 하나님의 약속을 믿고 성령 충만을 구할 때 하나님께서는 기쁨으로 우리에게 응답하신다.

7 어떤 사람도 두 주인을 섬길 수 없다. 그리스도가 아니면 나 자신이 마음의 왕좌에 앉아 우리를 지배하게 된다. 성령의 사람이 믿음으로 살아가지 않으면 세상적인 그리스도인이 된다(롬 14:23하).
바울은 로마서 14:23에서 '믿음으로 하지 않는 모든 것은 죄' 라고 말한다. 죄를 짓고도 영혼의 호흡을 하지 않으면 세상적인 그리스도인이 된다. 그러나 죄를 지었을지라도 영혼의 호흡을 계속해 나간다면 성령 충만한 삶을 살 수 있다. 불신의 태도로 삶을 지속하거나 영혼의 호흡을 거부할 때 세상적인 그리스도인이 된다.

8 우리 생활 속에서 죄를 쌓아두지 말고 깨달은 즉시 고백해야 한다(요일 2:1~2).
죄를 지었다고 깨닫는 순간 즉시 그 자리에서 영혼의 호흡을 하라. 잠시 하던 일을 멈추고 아니면 일을 하면서라도 영혼의 호흡을 하라. 영혼의 호흡은 육신의 호흡처럼 자연스럽게 지속해야 한다.

9 특별한 감정을 의존하거나 추구하지 말아야 한다.
감정적인 경험을 추구하는 행동은 믿음으로 사는 삶을 부정하는 것이다. 믿음으로 행하지 않는 것은 죄이다. 우리는 하나님의 명령과 약속을 믿고 의지함으로 성령 충만함을 확신해야 한다. 성령 충만은 느낌이 있을 수도 있지만 없을 수도 있다. 성령 충만에 반드시 어떤 감정이 수반되는 것은 아니다.

2. 영적 싸움에 대비하라.

학생용 교재 27p

1 모든 그리스도인은 믿음의 여정 가운데 영적 싸움을 하게 된다. 영적 싸움은 내가 싸우는 것이 아니라 하나님께서 싸우신다(대하 20:15하).

"여호와께서 이같이 너희에게 말씀하시기를 너희는 이 큰 무리로 말미암아 두려워하거나 놀라지 말라 이 전쟁은 너희에게 속한 것이 아니요 하나님께 속한 것이니라" (대하 20:15하)

우리의 영적 싸움의 대장은 예수님이시다. 싸움의 주도권은 우리가 아니라 그리스도께 있다.

2 그리스도인의 영적 싸움은 세상, 육체, 마귀와의 싸움이다.

(1) 세상 (요일 2:15~17)

① 성경은 이 세상을 사랑하지 말라고 경고하고 있다.

여기서 세상이란 하나님을 대적하는 교만한 모든 이론이나 사상, 조직, 사람, 시스템 등을 말한다(고후 10:4~5).

② 세상을 사랑하는 동시에 하나님을 사랑할 수 없다.

세상을 사랑하는 사람은 결국 하나님의 것에 무관심하거나 하나님을 대적하는 것이다. 하나님의 일을 한다고 하면서도 세상의 방법으로 한다면 하나님은 그를 쓰실 수 없다.

③ 예수님은 세상을 이기셨다(요 16:33).

그리스도께서 이미 세상을 이기셨기 때문에 우리가 그리스도 안에 있으면 어떤 영적 싸움에서도 이길 수 있다. 그리고 세상을 이기는 힘은 그리스도에 대한 우리의 믿음이다(요일 5:4).

(2) 육체(육신) (갈 5:17)

여기서 육체는 우리의 자아를 말한다. 우리의 자아는 죄악된 본성(sinful nature)으로서 끊임없이 성령을 거스른다.

① 유혹을 받는 것은 죄가 아니다.

유혹은 하나님의 뜻에 어긋난 행동을 하고 싶은 최초의 생각이나 느낌이나 욕구다. 유혹은 죄가 아니다. 유혹이 우리 안에 뿌리를 내려 욕심이 생기면 그것은 우리를 속여서 불순종의 죄를 짓도록 유도하고 결국 사망(death)에 이르게 한다.

죄와 유혹은 차이가 있다. 하나님의 뜻에 어긋나는 어떤 일을 하려는 최초의 느낌이나 생각인 욕구는 누구나 가지고 있고 심지어는 우리 주님도 유혹을 받으셨다(히 4:15). 그러므로 유혹을 받는 것 그 자체는 죄가 아니다. 그러나 우리가 그 유혹에 굴복해 불순종의 행동을 할 때 그것은 죄가 된다.

② 끊임없이 성령께 우리를 맡길 때 이런 갈등은 해결된다(갈 5:16).

어떤 어린아이가 검은 개와 흰 개 두 마리를 기르고 있었다. 이 개들은 날마다 으르렁거

리며 싸웠다. 어떤 날은 검은 개가 승리했고 어떤 날은 흰 개가 승리했다. "왜 어떤 날은 검은 개가 승리하고 어떤 날은 흰 개가 승리하느냐?" 고 어린이에게 물었다. 그 어린이는 "내가 밥을 주는 개가 항상 이기더군요" 라고 대답했다. 우리 안의 영적 싸움도 이와 같다. 내가 내 의지를 주님께 드리면 영적 싸움에서 승리하게 되고 내 육체의 욕심대로 행하면 패배하게 된다. 우리 안에서 벌어지는 영적 싸움에서 항상 성령의 편에 서서 살아가라. 그러면 당신은 육체의 욕심을 따르지 않고 승리하게 된다. 유혹을 받을 때마다 우리의 연약함을 깨닫게 될 때마다 주님이 그 문제를 다루어 주시도록 맡기고 기도하라(벧전 5:7).

(3) 마귀(벧전 5:8)

① 그리스도인들을 믿음에서 떠나게 하려는 악한 영들이 있다(요일 3:8~9).
참고: 마귀는 사탄이라고도 불리며 악한 영적 세력(귀신)들의 우두머리이다.

② 하나님은 마귀가 우리를 공격할 때에 두려워할 필요가 없다고 말씀하신다.

"너희 안에 계신 이가 세상에 있는 이보다 크심이라" (요일 4:4하)

마귀는 우리를 파멸시키려고 하는 원수이다. 우리가 마귀에게 지지 않고 승리하려면 우리는 그리스도 안에 거해야 한다. 그리고 '우리 안에 계신 분[예수 그리스도]이 세상에 있는 자[사탄]보다 더 크시다' 는 확신을 가져야 한다.

(이 개념을 설명하기 위해 아래의 일화 또는 비슷한 예화를 사용하라.)
동물원에 가면 사자를 볼 수 있다. 사자는 가까이 접근 할 수 없는 맹수지만 동물원에서는 우리 안에 갇혀 있으므로 사람들이 사자를 무서워 할 필요가 전혀 없다. 사람들이 사자 우리 안으로 들어가지 않는다면 사자가 사람을 해칠 수 없기 때문이다.
우리가 우리 자신을 의지하지 않고 그리스도의 권세를 의지하는 한 마귀를 무서워할 필요가 없다. 마귀는 하나님께서 허락한 능력 외에는 아무런 능력이 없다. 그리고 마귀는 이미 2000년 전에 십자가에서 예수님에게 패배했고 지금도 하나님의 권세 아래 있다. 우리가 하나님의 영적인 갑옷을 입고 있는 한 마귀는 우리를 이기지 못한다(엡 6:11~13). "그런즉 너희는 하나님께 복종할지어다. 마귀를 대적하라 그리하면 너희를 피하리라" (약 4:7)

3. 하나님의 자녀에게 주신 권리와 자원을 사용하라. 학생용 교재 27p

1 하나님의 자녀에게 주신 특권과 자원을 알고 사용해야 한다.

하나님은 이 세상에서 우리가 하나님의 자녀로 살 수 있도록 필요한 모든 것을 주셨다. 로마서 8:32에서 "자기 아들을 아끼지 아니하시고 우리 모든 사람을 위하여 내주신 이가 어찌 그 아들과 함께 모든 것을 우리에게 주시지 아니하겠느냐"라고 말씀하신다. 하나님께서는 그의 자녀들에게 평강(요 14:17)과 기쁨(요 16:24), 사랑(롬 5:5)과 지혜(약 1:5) 등 무한한 자원을 주신다.

2 하나님과 함께 충분한 시간을 보낼 때 우리는 그분이 주시는 풍성한 자원을 알고 사용할 수 있다.

주님과 교제하는 시간을 보내지 않고 성령 안에서 승리하며 살아간다는 것은 불가능하다. 말씀을 읽고 그분의 음성에 귀를 기울이며 인도하심을 따라 살아가는 것은 어떤 것보다 중요하다. 하나님의 자녀로서의 특권과 자원들을 알려면 주님과 함께 충분한 시간을 보내야 한다.

3 우리가 예수 그리스도를 알아가고 그분이 주시는 풍성한 자원을 사용할 때 성령께서는 우리의 삶에 열매를 맺게 하신다(갈 5:22~23).

우리가 성령의 능력을 따라 살아갈 때 사랑, 기쁨, 화평, 오래참음, 자비, 양선, 충성, 온유, 절제의 삶을 살 수 있다.

(당신이 최근에 그리스도와 동행하며 그리스도 안에 있는 자원을 사용해 열매를 맺은 경험이 있다면 그 경험을 나누라.)

4 우리는 성령의 능력을 통해서 그리스도인으로서 살아갈 수 있는 힘을 얻게 된다(롬 8:4).

"육신을 따르지 않고 그 영을 따라 행하는 우리에게 율법의 요구가 이루어지게 하려 하심이니라"(롬 8:4)

성령을 좇아 행하는 우리에게는 '율법의 요구', 즉 하나님의 말씀을 순종할 수 있는 능력이 주어진다.

5 주님의 지상명령 성취를 도우려는 모든 그리스도인들은 부활하신 예수 그리스도의 능력을 활용할 수 있다.

그리스도의 능력은 그를 믿는 모든 사람에게 유효하다.

예수님은 사도들에게 항상 그들과 함께 있겠다고 약속하시고 세상에 복음을 전하라고 명령

하셨다. 그는 "하늘과 땅의 모든 권세를 내게 주셨으니 그러므로 너희는 가서 모든 민족을 제자로 삼아 아버지와 아들과 성령의 이름으로 세례를 베풀고 내가 너희에게 분부한 모든 것을 가르쳐 지키게 하라 볼지어다 내가 세상 끝날까지 너희와 항상 함께 있으리라 하시니라" (마 28:18~20)고 말씀하셨다.

6 예수 그리스도 안에 있는 풍성한 자원을 알면 알수록 하나님의 뜻을 따르게 될 것이다.

하나님을 알고 그분 안에 있는 자원을 알면 알수록 우리는 생활의 큰 영역에서 작은 영역까지도 하나님에게 맡기게 된다. 그리고 그분의 뜻을 더욱 따르고 싶어 하게 될 것이다.

4. 믿음으로 살라.

학생용 교재 28p

1 그리스도인은 감정에 의존하지 않고 믿음으로 산다(갈 3:11).

주님을 신뢰하고 순종할 때 그 결과로 감정이 따른다. 감정이 중요하지만 느낌에 의존하거나 감정적인 경험을 추구하는 것은 믿음으로 살라고 하신 하나님의 명령을 거부하는 것이다. 우리 믿음의 대상은 하나님과 그분의 말씀인 성경이다.

2 그리스도인은 어려운 상황에도 믿음으로 감사할 수 있다.

(로마서 8:28을 읽으라.)

하나님은 우리를 사랑하시며 모든 것을 합력하여 선을 이루시겠다고 약속하셨다. 그리고 데살로니가전서 5:18에서 "범사에 감사하라 이것이 그리스도 예수 안에서 너희를 향하신 하나님의 뜻이니라" 고 말씀하셨다.

아주 힘들고 어려운 일을 당했을 때 '하나님, 감사합니다' 라고 한 적이 있는가? 몸이 아플 때 하나님께 감사하는가? 애인이 절교를 선언할 때는 어떻게 하는가? 그리고 재정적인 어려움에 빠졌거나 시험에 낙방했을 때, 믿음 때문에 박해 받을 때도 감사하는가?

이런 상황에서 그 누구도 하나님께 감사할 수 없을 것이다. 그러나 하나님이 우리에게 감사하라고 명하셨다면 거기에는 분명히 선한 이유가 있다. 일이 잘못 되었을 때도 믿음으로 "감사합니다" 라고 말하는 것은 우리가 배울 수 있는 가장 멋진 교훈 중의 하나이다.

3 그리스도인은 믿음으로 모든 염려를 하나님께 맡길 수 있다(벧전 5:7).

성령 충만한 그리스도인들도 문제를 안고 살아간다. 누구나 건강의 문제, 관계의 문제, 사랑하는 사람의 죽음, 재정적 필요 등 여러 가지 문제들을 가지고 있다. 하나님은 그 모든 문제들을 주님께 맡기라고 명령하셨다. 성령 충만한 사람들은 이런 문제들 가운데서도 하나님께서 자신들을 도와주시고 그 문제들을 해결해 주시며 또한 그 문제들을 통해 자신들을 성장시키실 것을 믿는다. 그래서 침착하고 확신 있는 태도로 그 문제들에 대처해 나간다.
(걱정이나 염려를 주께 맡겨 해결된 사례가 있다면 나누라.)

5. 요약과 적용

학생용 교재 28p

성령의 능력으로 충만함을 받고 항상 인도 받기를 원한다면 다음 사항을 실천하라.

1 성령 충만을 확신하라.
하나님의 명령과 약속에 따라 믿음으로 성령 충만한가를 확인하라.

2 영적 싸움에 대비하라.
세상, 육체, 마귀의 공격에 대비하라.

3 하나님의 자녀에게 주신 권리와 자원을 사용하라.
하나님께서 자녀에게 주신 특별한 권리와 자원들을 사용하라.
모든 자원과 능력이 주님으로부터 오기 때문에 우리는 항상 그 안에 거해야 한다.

4 믿음으로 살아가라.
하나님과 그분의 말씀을 믿는 믿음으로 살라.

강의 4 학생용 교재 30p

성령 안에서 전도하기

개관 목적

성령 안에서 전도하는 방법을 알게 한다.

학습 목표

1. 성령 안에서 전도하는 여덟 가지 과정을 알게 된다.
2. 각 과정을 이해하고 적용할 수 있게 된다.
3. 성공적인 전도가 무엇인지 알게 된다.

개요

서론 : 우리 생애에서 다른 사람에게 그리스도를 전하는 것보다 더 놀라운 영적 체험은 없다. (6분)

1. 그리스도인임을 확신하라. (6분)

2. 고백하지 않은 죄가 없게 하라. (4분)

3. 믿음으로 성령 충만한지 확인하라. (4분)

4. 예수 그리스도를 전하기 위해 준비하라. (벧전 3:15~16) (4분)

5. 기도하라. (6분)

6. 가서 전하라. (6분)

7. 예수 그리스도에 대해서만 말하라. (5분)

8. 결과를 기대하라. (9분)

☞ 강의 포인트

성령 충만한 그리스도인의 가장 큰 특징은 일상생활 속에서 지속적으로 전도하는 것임을 강조하고, 어떻게 지속적인 전도를 할 수 있는지를 알려주는 것이다.

(서론에 들어가기에 앞서 두 가지 질문을 하라.)
"여러분의 생애에서 가장 중요한 일은 무엇이었습니까?"
"다른 사람을 위해 할 수 있는 가장 중요한 일은 무엇입니까?"

서론 : 우리 생애에서 다른 사람에게 그리스도를 전하는 것보다 더 놀라운 영적 체험은 없다.

1 전도는 큰 기쁨과 감격을 경험하게 해주지만 안타깝게도 전도하는 그리스도인들은 매우 적다.

성경을 공부하고 기도하는 것도 매우 중요하지만, 그것이 전도를 대신할 수는 없다.
전도의 기쁨은 경험해 본 사람만이 안다. 전도는 세상에서 가장 소중하고 가치 있는 일임에도 이를 아는 그리스도인들은 많지 않다.

2 그리스도인들이 전도를 하지 못하는 두 가지 이유가 있다.

(1) 무능(Impotence) : 성령의 지배를 받지 않고 풍성하고 승리하는 삶을 살지 못하기 때문이다.

(2) 무지(Ignorance) : 효과적으로 그리스도를 증거하는 방법을 모르기 때문이다.
이 LTC 초급훈련은 성령의 능력을 받고 효과적으로 그리스도를 증거하는 방법을 배울 수 있는 과정이다.

3 성경의 가르침을 따를 때 가장 효과적으로 전도할 수 있다. 누가복음 5:1~11은 어떻게 성공적으로 전도할 수 있는지를 가르쳐 주고 있다.

누가복음 5:1~11을 보면, 어부인 베드로가 밤새 수고했지만 고기를 한 마리도 잡지 못했다. 주님이 "깊은 데로 가서 그물을 내리라." 고 말씀하셨을 때 그는 순종하였고 그 결과 고기가 많이 잡혀 배가 가라앉을 지경이 되었다. 베드로와 그의 친구 요한과 야고보는 너무나 놀랐고 "너희는 사람을 낚는 어부가 될 것이라."는 예수님의 말씀에 그물을 버리고 예수님을 따랐다.
여러분도 전도해 보려고 노력해 봤지만 고기를 한 마리도 못 잡은 베드로와 같은 사람일지도 모른다. 우리가 성경에서 제시하고 있는 해결책을 따른다면 규칙적이고 끊임없이 그리스도를 전하게 될 것이다.

이 성경적 해결 방안에는 8가지 요소가 있는데 이 요소들을 주의 깊게 기도하면서 따른다면 당신의 삶은 변화되기 시작할 것이다.

('성공적인 전도' 시각자료를 보여주며 말하라.)

성공적인 전도

8. 결과를 기대하라.
7. 예수 그리스도에 대해서만 말하라.
6. 가서 전하라.
5. 기도하라.
4. 예수 그리스도를 전하기 위해 준비하라.
3. 믿음으로 성령 충만 받은 것을 확인하라.
2. 고백하지 않은 죄가 없게 하라.
1. 그리스도인임을 확신하라.

그러면 이제 하나씩 살펴보도록 하자.

1. 그리스도인임을 확신하라.

학생용 교재 31p

1 도덕적으로 착하게 살고 교회에 다닌다고 해서 다 그리스도인이 되는 것은 아니다.

종종 LTC 훈련에 참석한 성실하고도 헌신적인 교인들이 이 훈련 기간 중에 그리스도를 영접했거나 구원의 확신을 얻었다고 말한다.

(아래의 요한 웨슬레의 이야기나 강의자 자신의 경험을 나누어도 좋다.)

감리교의 창시자인 요한 웨슬레는 목회자의 자녀였다. 그는 옥스퍼드에 있는 홀리 클럽(Holy Club)의 지도자로 열정적인 경건생활을 했으며 미국으로 인디언의 선교사로 섬기기도 했다. 하지만 그때까지도 그는 구원의 확신이 없었다. 영국으로 돌아온 그는 올더스케이트 회의에서 마르틴 루터의 로마서 서문에 대한 신앙 논문을 읽다가 인격적으로 예수 그리스도를 자신의 구주로 영접했다. 올더스케이트에서의 경험이 있기 전에 웨슬레는 경건생활이나 전도나 선행으로 구원을 얻으려고 노력했다. 그러나 나중에 그는 믿음으로 구원에 대한 확신을 갖게 된 것이다. 그의 자서전을 보면 "내가 오직 예수 그리스도만이 구주이심을 확신했을 때 마음이 이상하게 뜨거워지는 것을 느꼈다. 그리스도가 나의 모든 죄를 용서해 주셨으며 죄와 죽음의 율법에서 구원해 주셨다는 확신을 갖게 되었다."라고 말한다.

2 그리스도인이 되기 위해서 믿음으로 그리스도를 영접해야 한다(엡 2:8~9).

구원은 세례를 받는 것, 매일 성경을 읽고 기도하는 것, 교회에서의 여러 가지 섬김과 봉사 등으로 이루어지는 것이 아니다. 오직 하나님이 예수 그리스도를 통해 십자가에서 이미 이루신 것을 믿는 믿음으로 받는 것이다.

3 예수 그리스도를 영접한다는 것은 지성, 감정, 의지를 포함하는 인격적인 행동이다.

예수를 구주로 믿는다는 것은 의지의 행위인 믿음으로 하나님이 값없이 주시는 은혜, 즉 사랑과 용서를 받아들이고 주 예수 그리스도를 마음의 왕좌에 모셔 들이는 것이다. 그리스도를 영접할 때 우리는 하나님의 자녀로 태어나게 되며 영생을 체험하게 된다.

4 예수 그리스도를 한 번도 영접한 적이 없다면 바로 지금 기도로 예수 그리스도를 영접할 수 있다(계 3:20).

(다음과 같이 말하고 기도를 인도하라. 참석자들이 다 그리스도인이라면 기도를 생략할 수 있다.)

여러분 중에 지적으로는 예수님이 구주시라는 것을 알고, 교회에서 여러 가지 봉사도 하지만 그리스도가 내 안에 살아 계시다는 확신이 없는 분이 있을 수도 있다. 그렇다면, 그리스도를 자신의 구주와 주님으로 영접함으로 그리스도와 개인적 관계를 맺고 구원의 확신을 가질 수 있다.

"지금 이 시간 기도로 예수 그리스도를 영접할 수 있습니다. 아직도 그리스도께서 여러분 안에 계시는지 확신하지 못하는 분이 있다면, 저를 따라 그리스도를 초청하는 이 기도를 드리십시오."

(기도를 따라 할 수 있도록 한 문장씩 영접 기도문을 인도하라.)

"주 예수님, 나는 주님을 믿고 싶습니다. 십자가에서 죽으심으로 내 죗값을 담당하시니 감사합니다. 지금 나는 내 마음의 문을 열고 예수님을 나의 구주, 나의 하나님으로 영접합니다. 나의 죄를 용서하시고 영생을 주심을 감사합니다. 나를 다스려 주시고, 나를 주님이 원하시는 사람으로 만들어 주옵소서. 예수님의 이름으로 기도합니다. 아멘."

5 당신이 예수 그리스도를 영접했다면 그는 당신을 결코 떠나지 않는다고 약속하셨기 때문에 또 다시 영접할 필요가 없다. 예수 그리스도가 당신의 삶 속에 들어와 계신 것을 날마다 감사하라(히 13:5하).

2. 고백하지 않은 죄가 없게 하라. 학생용 교재 32p

1 죄를 지으면서도 성령의 열매를 맺고 기쁘게 살아갈 수 있는 그리스도인은 없다. 죄를 인정하지 않는 것은 하나님과 우리의 교제를 가로막는다(시 66:18). 우리는 하나님께 죄를 고백해야 한다.

2 성령께서 깨닫게 해 주신 죄들을 하나님께 고백할 때, 예수 그리스도가 우리를 대신하여 십자가에서 피 흘려 죽으심으로 우리 죄를 용서해 주셨음을 체험하게 된다(요일 1:9).

3. 믿음으로 성령 충만 받은 것을 확인하라. 학생용 교재 32p

1 우리는 믿음으로 성령 충만을 받는다. 하나님의 명령과 약속에 근거하여 성령 충만을 요청하라(엡 5:18; 요일 5:14~15).

2 주님의 명령과 약속에 따라 성령 충만을 구했으면 받은 것으로 믿으라(갈 3:11; 롬 1:17). 믿음으로 하지 않는 것이 죄이다(롬 14:23). 특별한 느낌이 있을 수도 있지만 없을 수도 있다.

느낌이나 감정은 우리가 하나님께 순종하여 믿음으로 살 때 나타나는 결과이다.

3 성령 충만하여 성령의 지배를 받는 것이야말로 능력 있는 전도의 가장 중요한 요소이다(행 1:8).

4 오직 성령의 능력으로 그리스도를 증거하는 것만이 하나님을 기쁘시게 한다(고전 2:4~5).

"내 말과 내 전도함이 설득력 있는 지혜의 말로 하지 아니하고 다만 성령의 나타나심과 능력으로 하여 너희 믿음이 사람의 지혜에 있지 아니하고 다만 하나님의 능력에 있게 하려 하였노라" (고전 2:4~5)

故 빌브라이트 박사는 전 세계 여러 나라에서 그리스도를 전하는 간사들에게 이렇게 말씀하시곤 했다. "당신이 성령 충만하다는 확신이 없이는 절대 당신의 사역을 하지 마십시오." 그리스도를 위한 것이라도 육적인 노력의 봉사는 헛된 것이다. 그것은 주님을 기쁘시게 할 수 없고 주님의 이름을 높일 수도 없다.

4. 예수 그리스도를 전하기 위해 준비하라. 학생용 교재 32p

1 그리스도 안에서 어떻게 풍성한 생활을 하고 또 그것을 어떻게 전할 수 있는가를 배워야 한다.

"너희 마음에 그리스도를 주로 삼아 거룩하게 하고 너희 속에 있는 소망에 관한 이유를 묻는 자에게는 대답할 것을 항상 준비하되 온유와 두려움으로 하고 선한 양심을 가지라 이는 그리스도 안에 있는 너희의 선행을 욕하는 자들로 그 비방하는 일에 부끄러움을 당하게 하려 함이라" (벧전 3:15~16)

2 무슨 일이든지 잘하려면 훈련이 필요하듯이 효과적으로 전도하기 위해서는 훈련이 필요하다.

다른 기술들처럼 전도도 훈련과 실습을 반복할 때 더 잘 할 수 있다.

이 LTC 과정은 단기간의 집중적인 훈련을 통해 사영리나 다른 자료들을 사용하는 방법과 내용들을 전해 줌으로써 효과적으로 그리스도를 전하는 방법을 배울 수 있다.

5. 기도하라. 학생용 교재 33p

기도는 주권이 하나님께 있음을 인정하는 우리의 신뢰의 표현이며 우리가 하나님의 능력을 얻는 통로이다. 또한 기도는 전도를 통해 말씀을 듣게 될 영혼을 준비시키는 지름길이다.

1 어느 누구라도 멸망하는 것은 하나님의 뜻이 아니다.

"주의 약속은 어떤 이들이 더디다고 생각하는 것 같이 더딘 것이 아니라 오직 주께서는 너희를 대하여 오래 참으사 아무도 멸망하지 아니하고 다 회개하기에 이르기를 원하시느니라" (벧후 3:9)

2 무엇이든지 하나님의 뜻대로 구하면 그분은 기도를 들어주시며 응답해 주신다(요일 5:14~15).

하나님은 모든 사람이 구원받기를 원하시기 때문에 우리 주위에 있는 믿지 않는 사람들을 위해 낙심하지 말고 계속 기도해야 한다.

3 하나님께서 당신의 마음속에 일깨워주시는 사람들의 기도 명단을 만들라.

4 성령께 이들에게 전도할 기회를 주시도록 기도하라.

6. 가서 전하라. 학생용 교재 33p

1 사람들이 당신에게 올 때까지 기다리지 말라(마 4:19).

2 예수님은 가서 모든 사람에게 복음을 전하라고 우리에게 명령하셨다(마 28:18~20).
복음은 인종적, 언어적, 종교적, 문화적 차이에 상관없이 누구에게나 필요하다. 이런 차이는 복음을 전하는데 장벽이 될 수도 있지만 복음에는 그 모든 장벽을 초월하여 역사하는 능력이 있음을 믿고 가라.

3 늘 누군가에게 예수 그리스도를 전할 수 있도록 해야 할 일의 우선순위를 정하라.
우리에게 주신 시간, 은사, 재물 등을 어디에 어떻게 써야 할지를 생각하고 전도에 이 자원들과 에너지를 쏟으라.

4 당신이 전도한 사람들이 예수 그리스도를 영접하지 않아도 실망하지 말라. 성공적인 전도는 성령의 능력 안에서 예수 그리스도를 전하고 그 결과는 하나님께 맡기는 것이다.

5 성령의 인도하심에 민감하라.
복음을 전하고자 하는 마음, 전할 수 있는 능력과 지혜 모두 다 성령께서 주신다. 따라서 전도는 성령의 인도와 우리의 순종으로 이루어지는 협력 사역이다.

7. 예수 그리스도에 대해서만 말하라. 학생용 교재 34p

1 당신이 예수 그리스도에 대해서 이야기해 보면 많은 사람들이 그분을 영접할 준비가 되어 있음을 알게 될 것이다.

성령께서 세계 곳곳에서 사람들의 마음을 갈급하게 해 놓으셨음을 기억하라.

2 사도 바울은 어디를 가든지 만나는 사람들에게 예수 그리스도를 전했다(골 1:28상).

바울처럼 우리도 삶의 현장에서 전도를 생활화하여 전도의 기회가 주어질 때 최대한 그 기회를 활용해야 한다.

3 전도할 때 대화의 초점이 예수 그리스도에서 벗어나지 않도록 주의하라.

예수 그리스도 외에 교회나 목사님 등 지엽적인 이야기로 시간을 낭비하지 말라. 짧은 시간 안에 상대와 신뢰관계를 형성한 후 복음의 핵심을 이야기하라.

4 논쟁은 피하라. 무엇보다 사랑으로 전하라.

복음을 전할 때 처음부터 끝까지 겸손과 사랑의 태도를 가져야 하며 당장 열매를 거두지 못한다고 조급해 하지 말라. 열매가 익을 때까지 기다리라. 복음의 씨를 뿌리고 즉시 여러분이 열매를 거두지 못한다 해도 하나님이 다른 누군가를 통해 그 열매를 반드시 거두실 것이다. (개인 간증이 있으면 짧게 나누라.)

8. 결과를 기대하라. 학생용 교재 34p

잃은 자를 찾아 구원하려고 오신 주님께서 모든 사람에게 복음을 전하고 모든 족속을 제자로 삼으라고 우리에게 위임하셨으므로 우리는 결과를 기대해야 한다. 그는 하늘과 땅의 모든 권세를 가지셨다고 주장하셨고, 세상 끝 날까지 제자들과 함께 하실 것을 약속하셨다. 초대 교회 성도들과 마찬가지로 오늘날의 우리에게도 똑같은 능력이 있음을 우리는 확신한다. 주님의 이러한 주장과 약속에 근거할 때 주님이 믿는 사람들의 전도를 영화롭게 여기신다는 것을 알 수 있다.

1 이 시대 최고의 거짓말 중 하나는 '사람들이 하나님에 대해 알고 싶어 하지 않는다.' 는 것이다.

2 사람들은 하나님을 갈망하고 있다(요 4:10~15). 성령은 수많은 사람들의 마음속에 이 갈망을 심어 놓으셨다.

사람들은 원래 영원을 사모하는 존재로 지음을 받았기 때문에(전 3:11) 이 세상 어디에 어떤 문화권에 있든지 사람들은 하나님을 알고 싶어 한다.
'이 사람은 그리스도를 영접하지 않을 거야' 라든가 '과연 내가 전하는 이 복음을 다른 사람들이 듣고 받아들일까?' 라는 의혹을 가지고 전도하러 나가는 사람들이 있다. 그러나 우리가 성령 안에서 증거 하는 방법을 그대로 실천하며 전도하러 나간다면 하나님께서 분명히 준비해 놓으신 영혼을 만나게 될 것이다.

"성공적인 전도는 성령의 능력 안에서 예수 그리스도를 전하고 그 결과는 하나님께 맡기는 것"이다. 다른 사람에게 그리스도를 증거 하는 일은 이 세상의 어떤 일과도 비교할 수 없는 최고의 모험이자 특권이라는 것을 명심하라.

성공적인 전도

8. 결과를 기대하라.
7. 예수 그리스도에 대해서만 말하라.
6. 가서 전하라.
5. 기도하라.
4. 예수 그리스도를 전하기 위해 준비하라.
3. 믿음으로 성령 충만 받은 것을 확인하라.
2. 고백하지 않은 죄가 없게 하라.
1. 그리스도인임을 확신하라.

강의 5 학생용 교재 36p

지상명령 성취에 참여하기

개관 목적

가서 제자 삼으라는 하나님의 부르심에 순종하여 전도하고 육성하며 파송하는 영적 승법번식을 실천함으로써 지상명령 성취에 헌신한다.

학습 목표

1. 지상명령의 의미를 이해하게 된다.
2. 영적 승법번식을 통해서만 지상명령 성취가 가능하다는 사실을 알게 된다.
3. 지상명령 성취를 위한 개인 전략의 필요성을 알게 된다.

개요

서론 : 우리는 급격하게 변화하는 시대를 살아가고 있다. (8분)

1. 지상명령이란 무엇인가? (What) (5분)

2. 왜 지상명령 성취에 헌신해야 하는가? (Why) (5분)

3. 지상명령은 언제 성취 될 것인가? (When) (5분)

4. 지상명령을 성취하기 위해 어디로 가야 하는가? (Where) (5분)

5. 지상명령은 어떻게 성취 될 수 있는가? (How) (12분)
   ① 한 개인이나 교회 또는 선교 단체가 감당할 수 없다.
   ② CCC는 지상명령 성취를 돕는 비전을 받았다.
   ③ 영적 승법번식에 기초를 둔 개인 전략을 세우고 참여할 때 성취된다.

6. 지상명령 성취의 긴급성 (5분)

☞ 강의 포인트

지상명령 성취의 정의와 방법 등을 살펴보고, 지상명령 성취에 구체적으로 참여하기 위해 영적 승법번식에 기초한 개인 전략을 수립하도록 돕는 것이다. 이론적으로 아는 것보다 우리 자신의 직접적인 참여가 지상명령 성취의 출발점이 된다는 것을 강조하라.

서론 : 우리는 급격하게 변화하는 시대를 살아가고 있다.

1 전 세계적으로 환경오염, 범죄와 폭력의 증가, 알코올과 약물의 남용, 정치, 경제, 사회, 도덕적 타락과 핵 확산 같은 군사적 위협이 인류를 걱정과 근심에 빠져들게 하고 있다.

2 인류 역사에 큰 영향을 끼친 위대한 사회 개혁들은 대개가 영적 부흥의 결과였다.

3 오늘날 우리는 오순절 이후 최대의 영적 각성이 일어나는 시대에 살고 있다.
영적 대각성의 시대에는 사람들의 관심이 영적인 것에 집중한다. 이때에 그리스도인들은 복음을 분명하고 정확하게 이해하고 경험해야 한다. 그래서 우리 안에 있는 소망에 관한 이유를 묻는 자들에게 언제든지 예수 그리스도가 누구시며 왜 예수 그리스도만이 진리이며 참된 구원의 길인지를 대답할 수 있어야 한다(벧전 3:15).

4 사람들은 예수님이 누구시며 그들을 위하여 무엇을 하실 수 있는지 알고 싶어 한다. 우리는 이러한 영적 대각성의 시대를 살면서 예수 그리스도만이 모든 문제들의 유일한 해결책이라는 사실을 온 세상 사람들에게 나타내야 한다.

1. 지상명령이란 무엇인가? (What)

학생용 교재 37p

지상명령(The Great Commission)은 역사상 가장 위대하신 분이 인간에게 주신 가장 위대한 계획이며, 가장 위대한 능력에 의해서 성취될 수 있는 가장 위대한 약속이다.

1 지상명령이란 하늘과 땅의 모든 권세를 가지신 예수님이 승천하시기 전에 제자들에게 주신 명령이다.

"예수께서 나아와 말씀하여 이르시되 하늘과 땅의 모든 권세를 내게 주셨으니 그러므로 너희는 가서 모든 민족을 제자로 삼아 아버지와 아들과 성령의 이름으로 세례를 베풀고 내가 너희에게 분부한 모든 것을 가르쳐 지키게 하라 볼지어다 내가 세상 끝날까지 너희와 항상 함께 있으리라 하시니라" (마 28:18~20)

(1) 부활하신 예수님은 하늘과 땅의 모든 권세를 가지신 분이다.
죽음에서 부활하심으로 그의 신성을 확증하신 예수님은 하늘과 땅에서 절대적인 주권을 가지고 계신다(롬 1:4).

(2) 지상명령은 예수님이 승천하시기 전 제자들에게 위임하신 가장 중요한 사명(Mission)이다.

예수님이 이스라엘 안에서 하신 지상 사역은 온 세상 사람들에게 복음을 전하는 일의 시작점이었다. 예수님은 이제 제자들에게 자신이 하셨던 사역의 연장으로 온 세상에 가서 복음을 전하라고 하셨다. 이 명령은 예수님이 승천하시기 전 마치 유언처럼 제자들에게 맡기신 중요한 사명인 것이다.

(3) 지상명령은 성령의 능력으로만 가능하다.

예수님은 제자들에게 예루살렘을 떠나지 말고 하나님 아버지께서 약속하신 성령님을 기다리라고 말씀하셨다(행 1:4). 그리고 오직 성령이 임하시면 권능을 받고 예루살렘에서 땅끝까지 이르러 증인이 되라고 명령하셨다. 제자들이 예수님께 배우고 훈련을 받았지만 주님의 증인이 되고 지상명령을 성취하기 위해서는 성령의 능력을 받아야만 했다. 지상명령은 성령의 능력으로만 가능하다.

2 지상명령은 모든 민족에게 복음을 전하고 그리스도의 가르침을 지키는 제자를 세워 그들이 또 다른 사람에게 복음을 전파하는 것이다.

(1) 마태복음 28:19~20을 헬라어 원문에서 보면 1개의 동사 '제자를 삼으라' (make disciples)는 것이 주동사이며, '가서', '세례를 베풀고', '가르치라' (going, baptizing, teaching)는 동사는 분사형으로 되어 '제자 삼는 것' 이 지상명령의 핵심임을 알 수 있다.

(2) 이 땅에 살아있는 모든 사람에게 예수 그리스도의 복음을 전해서 적어도 한 번은 그들이 예수 그리스도를 영접하든지 거부하든지 결단할 수 있는 기회를 주어야 한다. 우리가 복음을 전해도 복음을 들은 모든 사람들이 그리스도인이 되는 것은 아니다. 우리는 누가 그리스도를 영접할지 모르기 때문에 누구에게나 예외 없이 복음을 전해야 한다.

2. 왜 지상명령 성취에 헌신해야 하는가? (Why) 학생용 교재 38p

1 예수 그리스도께서 모든 세대의 그리스도인들에게 제자 삼으라고 명령하셨기 때문이다(마 28:19).

(1) 지상명령은 사도들뿐만 아니라 모든 세대의 그리스도인들에게 주신 것이다(요 17:18, 20).

평생 동안 갈릴리 유대 지방을 벗어나 본 적이 없던 예수님의 제자들은 "세상 모든 족속으로 제자를 삼으라"는 그리스도의 명령에 순종했다. 그들은 1세기의 세상을 변화시켰다.

(2) 21세기를 사는 우리는 1세기 제자들의 영적 후손들로서 그들과 동일하게 주님의 지상명

령 성취를 위임받았다. 우리 모두는 그리스도를 전하고 그분의 증인이 되어야 할 책임을 갖고 있다.

그리스도인은 헤아릴 수 없이 많은 사람들이 지옥을 향해 달려가고 있는 것을 방관한 채 자신만을 위한 삶에 만족할 수 없다.

(3) 우리가 예수 그리스도를 구주와 주님으로 고백하는 그리스도인이라면 우리가 가진 모든 것(시간, 재물, 은사 등)을 다 드려서 지상명령이 성취되도록 순종해야 한다.

2 예수 그리스도를 만나지 못한 사람은 모두 길 잃은 자들이기 때문이다(요 14:6).

하나님과 사귀며 살도록 창조된 인간은 타락한 후 하나님과의 사귐이 끊어지고 말았다. 그 결과 그들은 구원의 길을 알 수 없게 되었고, 끊임없이 하나님께 이르는 길을 찾아 헤매고 있다. 하나님은 인간에게 구원의 유일한 길을 제시해 주셨다. 예수 그리스도만이 인간이 죄로부터 구원을 얻고 하나님께 나아갈 수 있는 유일한 길이다(행 4:12; 요 14:6). 그러므로 그리스도가 없는 사람은 누구나 길을 잃은 자들이다(마 1:20; 19:10). "예수 그리스도가 있는 사람은 누구나 선교사며 예수 그리스도가 없는 사람은 누구나 선교지다."

3 성령께서 세계 모든 곳에 있는 사람들에게 하나님을 갈망하는 마음을 주셨기 때문이다.

하나님은 인간을 창조하실 때 영원(하나님)을 사모하는 마음을 주셨다(전 3:11). 급변하는 세상에서 사람들은 끝을 알 수 없는 불안과 공포에 시달리고 있다. 이 때 성령께서는 평화와 안전, 삶의 의미와 영원에 대한 사모함을 사람들의 마음속에 불러일으키고 계신다.

4 전하는 자가 없으면 사람들이 복음을 들을 수 없기 때문이다(롬 10:13~15).

주의 이름을 부르는 자는 구원을 얻는다. 전해주는 사람이 없으면 주의 이름을 들을 수 없고 듣지 못한 사람은 주님의 이름을 부를 수 없다. 주님은 우리를 보내셔서 복음을 전하게 하신다. 보내심을 받은 우리는 하나님의 동역자들이요 일꾼이다(고전 3:9; 골 1:23).

5 주님이 재림하시면 모든 사람을 심판하신다. 그러므로 주님이 다시 오시기 전에 긴급하게 복음을 전해야 하기 때문이다.

인류 역사는 모든 면에서 마지막을 행해 달려가고 있다. 예수님은 "이 천국 복음이 모든 민족에게 증언되기 위하여 온 세상에 전파되리니 그제야 끝이 오리라"고 말씀하셨다(마 24:14). 이 세상의 끝에 주님이 재림하시면 모든 사람을 심판하신다. 예수님을 믿는 사람은 생명의 판결을, 믿지 않는 사람은 죽음의 판결을 받는다. 지금은 구원의 때이다. 그러므로 주님이 다시 오시기 전에 긴급하게 복음을 전해야 한다. 지금 전 세계 그리스도인들은 최첨단의 방법과 장비까지 동원하여 복음을 전하고 있다. 우리는 예수님의 제자들이 복음을 전하던 시대보다 지상명령이 성취될 가능성이 훨씬 더 높은 시대에 살고 있다.

과거에 선교지였던 비서구권의 교회가 매우 빠르게 성장하고 있고, 선교사 파송 숫자도 점점 더 늘어나고 있다. 그리고 17000여 미전도 종족에게 복음을 확산시키기 위한 전략들이 활발하게 추진되고 있다. 인류는 자연 환경적으로나 영적으로 모두 마지막 시대에 살아가고 있다. 지금은 때가 악하고 주님의 재림 발자국 소리가 문 앞에 들리는 시기라고 할 수 있다. 우리는 더욱 시급하게 복음을 전하는 데 헌신해야 한다.

3. 지상명령은 언제 성취될 것인가? (When) 학생용 교재 38p

1 주님은 우리 세대와 모든 세대에서 지상명령이 성취되기 원하신다.

하나님은 우리에게 지상명령을 주셨고 그 뜻을 수행하는 데 필요한 모든 것도 이미 주셨다. 그러므로 주님이 우리 세대와 모든 세대에서 지상명령이 성취되기를 원하신다고 생각할 수 있다. 주님은 지상명령을 성취하는 데 필요한 능력(성령)과 전략(영적 승법번식) 그리고 수많은 헌신된 사람들(당신과 나와 같은 사람들)을 주셨다.

2 지상명령의 성취 시기는 하나님께 달려 있다(행 1:7; 마 24:14).

주님은 지상명령을 헌신된 그리스도인들을 통해 성취하실 것이다(고전 4:2).

하나님은 자신이 하시는 일을 그의 종들에게 알려주시지만 그 일이 이루어지는 때와 기한은 말씀하시지 않으신다. 지상명령은 하나님께서 정하신 때에 이루실 것이다. 오늘날 이 시대는 과거 어느 때보다도 지상명령 성취에 가까이 와 있다. 그러므로 지상명령 성취의 시기나 때에 집착하기 보다는 한 사람에게라도 더 복음을 전하고 성령의 능력으로 땅 끝까지 증인의 삶을 살겠다는 각오를 가져야 한다.

4. 지상명령을 성취하기 위해 우리는 어디로 가야 하는가? (Where) 학생용 교재 39p

1 예수님이 말씀하신 전략을 따라 우리 자신의 예루살렘에서부터 시작해야 한다(행 1:8).

"오직 성령이 너희에게 임하시면 너희가 권능을 받고 예루살렘과 온 유대와 사마리아와 땅 끝까지 이르러 내 증인이 되리라 하시니라"(행 1:8)는 말씀에서 예수님은 지상명령 성취를 예루살렘에서부터 시작하라고 하셨다. 이것을 우리에게 적용해 보면, 예루살렘은 우리가 살고 있는 가장 가까운 곳으로, 바로 지금 영향력을 끼칠 수 있는 사람들부터 시작하라는 의미이다. 예루살렘은 가정, 이웃, 캠퍼스, 직장 등이 될 수 있다. 지금 이 자리에서 내가 할 수 있는 것부터 시작하라. 개인전도나 그룹전도는 물론 지속적으로 시간과 물질과 은사를 활용해 제자화를 해야 한다.

지상명령 성취를 위해 지금 여러분이 하고 있는 것은 무엇인가? 그리고 할 수 있는 일은 어떤 것이 있는가?

2 전 세계로 나가야 한다(막 16:15).

어떤 의미에서 예수님은 천국에서 지상으로 천국 복음을 전하기 위해 육신을 입고 오신 최초의 타문화 선교사이시다(요 1:14). 이 세상에 오신 주님은 팔레스타인에 머무시며 사역을 하시고 제자들을 육성하셨지만 그분의 눈과 마음은 항상 온 세상을 향하고 계셨다. 예수님의 목표는 온 세상을 구원하는 것이었다. 그래서 지상 생애를 마치고 승천하시면서 제자들에게 마지막으로 부탁하신 것도 모든 민족에게 복음을 전하고 제자를 삼으라고 하신 것이다(막 16:15; 요 20:21; 마 28:19; 행 1:8). 우리는 지상명령 성취를 위해 우리의 예루살렘에서 시작해야 한다. 그러나 동시에 사마리아와 땅 끝을 향해서도 나가야 한다. 말하자면 전도(동일 문화권내에서의 복음 전도 - 우리의 예루살렘과 유대)와 선교(타문화권 선교 - 사마리아와 땅 끝)는 동시에 이루어져야 한다는 말이다. 그러므로 '국내에도 복음을 듣지 못한 사람이 아직도 많은 데 무슨 해외 선교인가?' 라는 생각이나 '해외 선교가 국내 전도보다 더 중요하다' 는 주장도 옳지 않다. 둘 다 중요하며 동시에 진행되어야 한다.

5. 지상명령은 어떻게 성취될 수 있는가? (How) 학생용 교재 39p

1 지상명령은 어느 한 개인이나 교회 또는 선교단체가 혼자서 성취할 수 없다.

(1) 하나님이 이 땅에 세우신 모든 지역 교회와 선교단체가 서로의 고유한 역할을 인정하면서 한마음 한뜻으로 연합해 영적 운동을 일으킬 때 성취될 수 있다.

(2) 교회는 선교단체의 역할과 기능을 인정하고 선교단체는 교회의 사명과 역할을 인정하며 전도나 선교에서 상호 협력하고 연합하는 것이 절대적으로 필요하다.

(3) CCC는 지상명령 성취를 돕기 위하여 힘쓰는 많은 교회와 다양한 선교기관들과 함께 일하고 있다.

2 하나님께서 1951년 CCC에 지상명령 성취를 돕도록 비전을 주셨다.

(1) CCC의 기본 전략은 사람을 전도해서 말씀으로 육성하고 그가 또 다른 사람을 전도하고 제자화 하도록 파송하는 것이다(딤후 2:2).

(2) 초대 교회가 복음을 다른 사람에게 쉽게 전수함으로써 불과 1세기만에 소아시아와 유럽에까지 복음을 전할 수 있었던 것처럼 우리도 복음을 쉽게 전하는 전략을 사용하고 있다.

이를 위해서 4영리, 성령소책자(S4U), 쉽게 전수할 수 있는 신앙개념(TC)등의 교재를 사용하고 있다.

(3) CCC는 기도와 성령 충만을 모든 사역의 중심에 두고, 캠퍼스와 커뮤니티, 기타 모든 계층과 지역을 아우르는 입체적인 복음화 사역에 집중하고 있다.
이를 위해 문서, 미디어(라디오, 텔레비전, 통신위성, 영화, 앱, 인터넷)등 모든 방법을 동원하여 각 나라마다 복음을 전하고 있다.

(4) 한국CCC는 1958년 설립 이후 지금까지 지상명령 성취를 위해 다음과 같은 사역들을 해왔다.

① "민족의 가슴마다 피묻은 그리스도를 심어 이 땅에 푸르고 푸른 그리스도의 계절이 오게 하자" 라는 비전 아래 캠퍼스의 대학생들에게 복음을 전하고 육성하여 사회 각 영역에 리더로 파송해 왔다.

② Explo' 74와 같은 대형 전도집회를 통해 전도훈련을 하고 영적 운동을 일으켜 교회 성장과 세계 선교에 크게 기여해 왔다.

③ 1990년에 'New Life 2000 마닐라 프로젝트' 를 통해 한국 교회의 해외 단기선교 시대를 열었고, 2007년에는 'CM 2007' 을 통해 전세계 6000여개의 미전도 캠퍼스를 개척하려는 전략을 세웠으며, 이에 따라 현재 A6프로젝트를 통해 개척선교를 진행하고 있다.

④ 캠퍼스 사역뿐만 아니라 문서, 음악, 스포츠, 가정, 의료, 복지, 미디어, 북한, 구제 등의 커뮤니티 사역을 진행하고 있다.

3 모든 그리스도인이 영적 승법번식을 기초로 한 개인 전략을 세우고 직접 참여할 때 지상명령은 성취될 수 있다.
지상명령은 하나님께서 이루시지만 성령 충만한 그리스도인들이 함께 제자화하고 지속적으로 영적 운동을 일으킬 때 지상명령 성취를 가속화시킬 수 있다.

(1) 지상명령 성취를 이루는 방법에는 영적 가법번식과 영적 승법번식이 있다.

① 영적 가법번식이란 당신이 전도만 하고 영적으로 재생산하지 않는 것을 말한다.
교회의 성장과 부흥에는 가법번식도 꼭 필요하지만 지상명령 성취를 위해서는 가법번식만으로는 불가능하다.

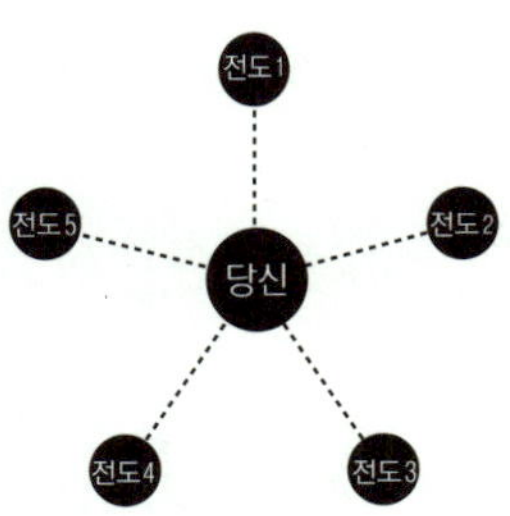

〈영적 가법번식〉

② 영적 승법번식이란 당신이 계속 전도할 뿐 아니라 그리스도를 영접한 새로운 그리스도인을 훈련시켜 제자로 세우고, 그가 또 다른 사람들을 전도하고 제자로 세워 영적 재생산을 하는 것이다.

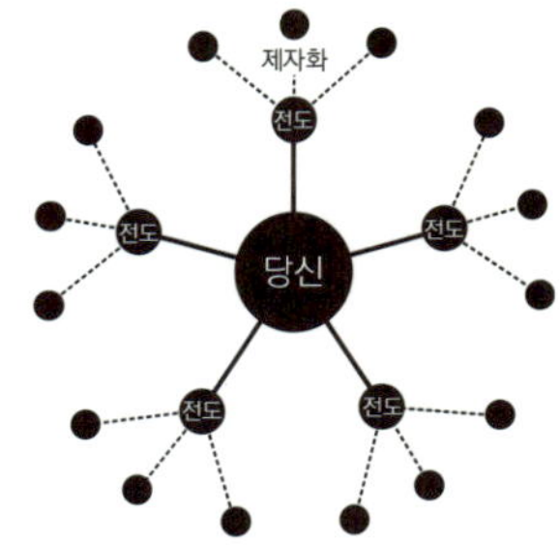

〈영적 승법번식〉

"또 네가 많은 증인 앞에서 내게 들은 바를 충성된 사람들에게 부탁하라 그들이 또 다른 사람들을 가르칠 수 있으리라" (딤후 2:2)

바울은 디모데에게 자신에게 배운 것을 다른 충성된 사람들에게 그대로 전수하라고 부탁함으로써 전도만이 아니라 제자화를 강조했다. 우리도 지상명령 성취에 참여하기 위한 개인 전략을 세울 때 전도 계획만 세울 것이 아니라 반드시 영적 재생산 계획을 수립해야 한다.

(2) 영적 승법번식을 위한 개인전략은 지상명령 성취를 돕기 위해 자신의 시간과 재능과 재산을 어떻게 쓸 것인가에 대해 신중하게 수립한 활동 계획이다.

자신의 삶에서 지상명령 성취를 우선순위에 두는 것이 개인전략에서 가장 중요하다. 당신의 시간, 재능, 물질을 드리는 헌신이 없이는 지상명령 성취가 불가능하다. 이 모든 것을 우선적으로 드릴 때 지상명령 성취를 더욱 가속화시킬 수 있다.

(3) 개인전략을 세우고 실천하는 것은 지상명령 성취를 도우라는 주님의 명령에 순종하는 것이며, 그 전략에 따라 행동할 때 우리는 더 효과적으로 우리의 에너지와 자원을 사용할 수 있게 된다.

주님의 지상명령 성취에 헌신하기 위해서 개인전략을 수립하고 그 전략에 따라 삶의 자원과 에너지의 우선순위를 결정해야 한다. 특히 우리의 시간과 재물과 은사를 어떻게 쓸지를 결정하라.

6. 지상명령 성취의 긴급성 학생용 교재 41p

1 주님의 일을 보통 일처럼 해서는 결코 만족할 수 없다. 지상명령 성취를 위해서는 사명감과 절대 헌신이 요구된다.

2 절대 헌신은 예수님의 제자들과 초대 교회 그리스도인들의 특징이었다.

3 지난 2000여 년 동안 하나님께서는 사도 바울과 같은 헌신된 그리스도인들을 통해 이 위대한 계획을 성취하고 계시고 지금도 이 지상명령 성취할 사람들을 찾고 계신다.
주님은 '나를 따르려는 자는 누구든지 자기를 부인하고 자기 십자가를 져야 한다'고 하셨다(눅 9:23). 또한 '나와 복음을 위하여 집이나 형제나 자매나 어미나 아비나 자식이나 논밭을 포기한 사람은 이 세상에 집과 형제와 자매와 모친과 자식과 논밭을 백배나 받고 내세에 영생을 받지 못할 자가 없다'(막 10:28~30)고 말씀하셨다. 주님이 요구하시는 헌신은 가치있고 충분한 보상이 있음을 약속하고 계신다(고전 15:58).

4 하나님께서는 오늘날 우리에게도 지상명령 성취를 돕는 운동에 참여할 수 있는 특권을 주셨다.

5 당신은 위대한 부르심에 어떻게 응답하겠는가? 이 운동에 당신이 어떻게 참여할 것인지를 생각하면서 기도하라.
세상에는 많은 사람들이 있지만 주님의 최고 관심은 지금 이 자리에 있는 우리에게 있다. 지상명령이 하나님의 최우선이고 예수 그리스도의 최고의 관심사라면 우리는 보통 사람들처럼 살 수는 없다. 하나님의 최우선이 우리의 최우선이 되어야 하고 예수 그리스도의 최고 관심사가 우리의 최고 관심사가 되어야 한다. 당신의 삶을 지상명령 성취에 헌신하고자 한다면 아래 기도를 드리라.

"사랑하는 하나님 아버지,
지금 저는 저의 삶을 온전히 주님께 드립니다.
주님이 원하시는 일을 위해 저를 사용하여 주옵소서.
어디에 있든 무엇을 하든 하나님의 사랑과 죄 용서의 복음을 증거하고 제자 낳는 삶을 살게 하소서. 이 시대에 주님의 지상명령 성취를 위해 성령 충만한 그리스도인으로 살게 하소서.
예수님의 이름으로 기도합니다. 아멘."

토의

토의 1 학생용 교재 44p

사영리 소개 및 실습

사영리
전도 훈련
1

개요

서론 : 열매 맺는 전도를 위해서는 훈련이 필요하다. (5분)

1. 사영리 소개 (2분)

2. 사영리 사용의 장점 (5분)

3. 사영리 시범 (15분)

4. 둘씩 짝지어 연습 (15분)

5. 개인 간증문 준비 지침 (6분)

6. 과제 (2분)

※ LTC 토의 각과에는 시각자료가 있다. 시각자료는 박스로 표시했다.
인도자는 반드시 강의 전 시각자료를 준비해야 한다.

☞ 토의 포인트

이 훈련의 중심 교재인 사영리를 소개하고 사영리 전도의 시범을 보이며 연습한다.
그리고 전도할 때 유용한 3분 개인 간증문을 작성하게 한다.

▶ 소개 및 간증 (5분): 자연스럽게 자기 소개를 하고 3분간 자신의 초급 LTC 훈련 간증을 한다.

*간증시 유의사항

1) LTC 훈련 간증을 통해 그리스도를 전하는 데에 훈련이 얼마나 중요한가를 알게 한다.

2) 당신의 간증 속에는 다음의 내용이 포함되어야 한다.

(1) 이 훈련이 개인적으로 어떤 의미가 있었는지 강조하고 당신의 경험에 비추어 다음 사항들을 넣으라.

① "나는 오랫동안 하나님을 믿고 있었지만 그 믿음을 남에게 이야기하는 것은 어렵게 생각 했습니다."

② "나는 모든 사람들이 하나님의 말씀에 목말라 있으며 그들에게 적절히 접근할 때 대부분 예수님에 대해 긍정적인 반응을 보인다는 사실을 이 훈련을 통해서 알게 되었습니다."

③ "나는 이 훈련을 통해서 성공적인 전도는 성령님의 능력 안에서 그리스도만을 전하고 그 결과는 하나님께 맡기는 것이라는 사실을 깨닫게 되었습니다. 그러므로 사람들의 반응 때문에 자랑할 것도 실망할 것도 없음을 알게 되었습니다."

(2) 이 훈련을 통해 사영리로 전도하는 방법을 배운 후 당신이 전도한 사람이 영접했는지에 상관없이 처음 사영리로 전도한 당신의 경험을 나누라.

3) 당신의 "훈련 간증"을 암기하고 나눌 때는 암송하고 있다는 인상을 주지 않도록 자연스럽게 간증한다.

▶ 약속의 말씀 - 디모데후서 4:2

"너는 말씀을 전파하라 때를 얻든지 못 얻든지 항상 힘쓰라 범사에 오래 참음과 가르침으로 경책하며 경계하며 권하라"

(강의를 듣는 학생들이 열매 맺는 그리스도의 증인이 될 수 있도록 기도하라.)

서론 : 열매 맺는 전도를 하기 위해서는 훈련이 필요하다.

1 전도는 다양한 방법(개인전도, 그룹전도, 관계전도)을 통해 사람들이 복음을 듣고 예수 그리스도를 인격적으로 영접할 수 있는 기회를 주는 것이다.

2 그리스도를 효과적으로 전하고 제자화하기 위해서는 훈련이 필요하다. 이를 위한 기본적인 훈련이 LTC(Leadership Training Class)이다. LTC는 초급, 중급, 고급 3단계로 구성되어 있다. 초급에서는 전도, 중급에서는 기초 육성, 고급에서는 제자화 훈련에 초점을 맞추고 있다.

3 LTC 초급은 사영리를 통한 전도에 초점이 맞춰져 있다. 언제 어디서나 최대한 효과적으로 복음의 핵심을 전달하여 사람들로 하여금 예수 그리스도를 영접하도록 돕는다.
개인전도, 그룹전도, 관계전도 등 어떠한 형태의 전도를 하더라도 사영리를 읽어줌으로써 그리스도를 영접할 수 있도록 도울 수 있으므로 사영리 전도방법을 배우는 것이 중요하다.

(1) 이 훈련방법과 자료들은 그리스도를 효과적으로 증거 하는데 도움이 되도록 구성되어 있다.

(2) 많은 사람들이 자기의 믿음에 대해 이야기하기를 주저한다. 어떤 사람들은 말을 어떻게 시작해야할지 몰라 난처해하는 사람들도 있다.

(3) 이 교재와 훈련 방법은 원래 CCC(대학생선교회) 간사들을 위해 만들어진 것이다. 그러나 효과적으로 복음을 전하고 전도한 사람들을 제자로 육성하기 위해 이 교재와 훈련 방법을 여러 교회들과 그리스도인들에게 사용해 본 결과 놀라운 효과가 있었다. 그래서 전도 훈련을 받기 원하는 교회나 그리스도인들을 위해 보급이 가능하도록 만들어졌다.

(4) 그러나 이런 방법이나 교재 자체가 사람들을 구원하는 것은 아니다. 우리를 통해 역사하시는 성령님을 의지할 때 우리는 성공적으로 전도하고 육성할 수 있다. 이런 방법과 교재들은 우리가 좀 더 효과적으로 사역하는 것을 도와주는 것이다.

1. 사영리 소개

학생용 교재 45p

1 사영리는 이 훈련의 중심 교재이다.

2 사영리는 사람들이 예수 그리스도를 인격적으로 만날 수 있는 방법을 가르쳐 주기 위해 만들어진 전도 책자이다.

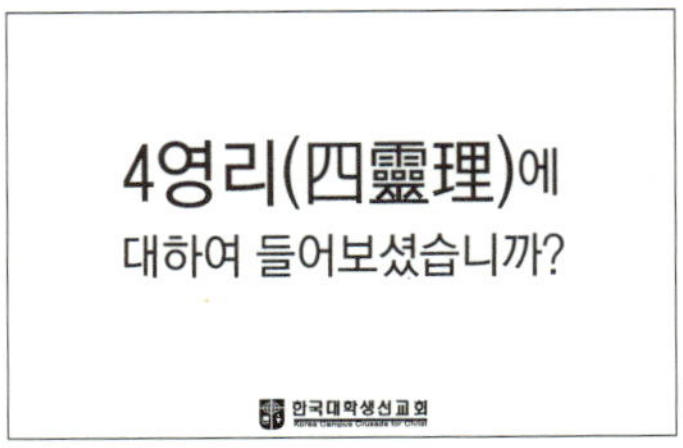

3 사영리가 복음을 전하기 위해 사용되는 유일한 책자나 방법은 아니다. 그러나 수많은 사람들이 사용해 본 결과 효과적이고 전하기 쉽다는 것이 증명되었다.

4 사영리에는 예수 그리스도를 영접해서 구원을 받는 것에 필요한 복음의 핵심 내용들이 체계적으로 실려 있다.

2. 사영리 사용의 장점 학생용 교재 45p

1 누구나 복음을 간단명료하고 쉽게 전할 수 있다.

2 "사영리에 대하여 들어보셨습니까?" 라는 간단한 말로 대화를 시작할 수 있다.

3 "하나님은 당신을 사랑하십니다." 라는 긍정적인 말로 시작한다.

4 영접 기도문이 실려 있어 그리스도를 영접하는 구체적인 방법을 제시하고 있다.

5 그리스도를 영접한 후 구원의 확신을 갖는 방법도 다루고 있다.

6 그리스도인이 어떻게 성장할 수 있는지를 알려주며 교회 출석의 중요성을 강조한다.

7 전도할 때 무엇을 어떻게 말해야 하는가를 알려줌으로써 전도에 자신감을 준다.

8 짧은 시간 안에 예수 그리스도를 영접하는 방법을 가르쳐 준다.

3. 사영리 시범 학생용 교재 46p

(1) 사영리 시범을 보일 때 주의할 점

1) 실제로 전도하는 것처럼 자연스럽게 시범을 보이라.

2) 모든 참석자들이 충분히 알아들을 만큼 큰 음성으로 말하라. 기도할 때 음성이 작아지지 않

도록 주의하라.

3) 사영리의 내용에 다른 말을 덧붙이지 말고 처음부터 끝까지 읽으라.

4) 시범짝에게 때때로 성경구절을 읽게 함으로써 참여하게 하라.

5) 강의를 듣는 사람들이 시범하는 것을 잘 볼 수 있도록 일어서서 하는 것이 좋다.

(2) 사영리 시범

("사영리를 한 번도 읽어 본 적이 없는 사람 손들어 보세요?" 라고 묻고 그 중에 한 사람을택하여 시범짝이 되도록 한다. 시범짝이 나오면 그를 소개하고 다음의 순서를 따라 시범을 진행하라.)

▶ 다음과 같이 가정해 보겠습니다.

① 제 짝은 그리스도인이 아니며 그리스도인이 되기를 원하여 긍정적인 대답을 할 것입니다.

② 사영리 9쪽의 "어느 그림이 당신의 삶을 잘 나타내고 있습니까?" 라는 첫 번째 질문에 제 짝은 "왼쪽" 이라고 대답할 것입니다.

③ 두 번째 질문 "또 당신은 어느 그림에 속하게 되기를 원하십니까?" 라는 질문에 "오른쪽" 이라고 대답할 것입니다.

④ 사영리 10쪽의 질문 "이 기도가 당신의 마음에 드십니까?" 라는 질문에 "네" 라고 대답할 것입니다.

⑤ 제 짝에게 기도로 그리스도를 영접할 기회를 주었을 때 저를 따라 소리 내어 기도할 것입니다.

⑥ 우리는 전도하는 중에 만났고 서로를 아는 시간을 잠깐 보냈다고 가정하겠습니다.

▶ 시범하는 것을 잘 관찰해 주십시오.

제가 시범한 후에 여러분이 관찰한 것을 함께 나누는 시간을 갖겠습니다. 사영리 소책자의 표지에 나오는 말로 시작하여 책자의 끝까지 읽겠습니다. 시범을 하는 동안 눈으로 따라 읽어 주십시오.

▶ 시범을 시작하겠습니다.

① 시범짝에게 말하라. **"저는 지금 한 세미나를 참석하고 있는데 제게 의미 있는 책자가 있어 함께 나누고 싶습니다. 사영리에 대하여 들어보셨습니까?"**

② 10쪽에 있는 기도문을 읽은 후에 다음 질문을 하라. "이 기도가 당신의 마음에 드십니까?" 짝이 '네' 라고 대답하면 10쪽을 끝까지 읽고 난 후 훈련생들을 향해 말하라.

"여기서 잠깐 멈추겠습니다. 여러분 중에 그리스도가 마음속에 들어와 계신 것을 확신하지 못하는 분이 있습니까? 지금 이 시간 그리스도를 영접하실 수 있습니다. 제가 다시 기도문을 천천히 한 구절씩 읽겠습니다. 저의 짝이 저를 따라 기도할 때 구원의 확신이 없는 분은 마음속으로 따라서 기도하시기 바랍니다."

④ 기도문을 천천히 한 구절씩 다시 읽을 때 짝이 소리 내어 따라 읽게 한다. 기도할 때 소리가 작아지지 않도록 주의하라.

⑤ 기도 후 말하라. "그리스도를 영접하신 분들은 다음 페이지에 나오는 질문들을 저의 짝이 소리 내어 답할 때 속으로 대답해 보시기 바랍니다. 시범을 계속하겠습니다."

⑦ 소책자를 16쪽까지 읽으라.

▶ 여기서 시범을 마치겠습니다. 제가 어떻게 했습니까? 여러분이 관찰한 것을 나누어 보겠습니다. (훈련생들의 반응이 적으면 유도질문을 할 수 있다. 아래 내용을 참고하라.)

① "제가 무엇으로 사영리를 가리키면서 했나요?"

② "사영리는 어떻게 펴 놓고 읽었습니까?"

③ "9쪽의 '어느 그림이 당신의 삶을 잘 나타내고 있습니까?' 라는 첫 번째 질문에 제 짝은 어떻게 대답했지요?"

④ "9쪽의 '또 당신은 어느 그림에 속하게 되기를 원하십니까?' 라는 두 번째 질문에 제 짝은 어떻게 대답했지요?"

⑤ "10쪽의 '이 기도가 당신의 마음에 드십니까?' 라는 질문에 제 짝은 어떻게 대답했나요?"

⑥ "제가 다른 내용을 덧붙이면서 읽었나요? 16쪽 위까지 덧붙임 없이 계속 읽어 나갔습니다."

4. 둘씩 짝지어 연습 학생용 교재 46p

▶ 이제 사영리 연습을 하겠습니다.

① "모두 둘씩 짝을 짓기 바랍니다. 형제는 형제끼리, 자매는 자매끼리 짝을 지으십시오. 짝이 없으신 분은 손을 드시기 바랍니다. 제가 짝을 지어 드리겠습니다."

② "7분 동안 짝에게 사영리를 읽어주는 연습을 하겠습니다. 어려운 질문에 대한 대답은 토의(3)에서 다룰 것입니다. 이 시간에는 시범을 보인대로 긍정적인 반응만을 연습하겠습니다."

③ "연습하기 전 지시 사항을 같이 보겠습니다." (시각자료를 사용하라)

시각자료

1. 표지부터 시작하여 끝까지 읽으라.
2. 내용에 덧붙이지 말고 읽으라.
3. 책자 하나만을 사용하고 성경의 장절은 읽지 말라.
4. 상대방으로 하여금 한 구절씩 소리 내어 기도하도록 인도하라.

④ "왼쪽 짝부터 시작하십시오." 7분 후에 말하라. "짝을 바꿔서 연습하겠습니다. 왼쪽 짝이 끝낸 부분부터 시작 하십시오."
⑤ 훈련생들이 연습할 때 두루 다니며 질문에 답해 주고 문제를 해결해 주라.
⑥ 다시 7분이 지난 후에 말하라. "이제 마치십시오."

5. 개인 간증문 준비 지침

학생용 교재 46p

전도할 때 개인 간증문은 매우 유용하게 사용될 수 있습니다.

1 성령의 인도하심에 따라 간결하게 잘 준비된 개인 간증은 듣는 사람들이 예수 그리스도를 알고, 개인적인 관계를 맺고 싶은 마음을 갖도록 도와준다.

2 잘 준비된 3분 간증은 많은 내용을 담은 긴 간증보다 전도에 더 효과적이다. 긴 간증은 예수 그리스도보다 전도자 자신에게 집중하게 할 우려가 있으며, 피전도자가 예수 그리스도를 영접하도록 결단하는 것의 중요성을 약화시키고 결단하는 기회를 잃어버릴 수 있다.

3 개인 간증을 준비할 때 해야 할 일

(1) 간증을 준비할 때 주님께서 지혜를 주시고 인도해 주시도록 기도하라.
(2) 다음의 세 가지에 중점을 두라.
① 예수 그리스도를 영접하기 전의 나의 삶은 어떠했는가?
② 예수 그리스도를 어떻게 영접하게 되었는가? (구체적으로 적으라.)
③ 예수 그리스도를 영접한 후의 나의 삶은 어떻게 변화되었는가?
(3) 어렸을 때 그리스도인이 된 경우 개인적으로 주님과의 관계를 확신하게 된 것에 중점을 두라.
(4) 관심과 주위를 끌 수 있는 말로 시작하고 깔끔하게 끝을 맺으라.
(5) 듣는 사람이 공감할 수 있도록 표현하라.
(6) 흥미를 일으킬 수 있도록 구체적으로 표현하라.
(7) 필요한 성경 구절을 사용하되 두 개 이상을 넘지 않도록 하라.
(8) 여러 번의 수정을 거쳐 최종 완성본을 만들라.

(9) 다른 간증집이나 C.C.C.에서 나오는 정기간행물인 〈CCC편지〉 등에서 3분 간증의 예들을 참조하라.

(10) 그리스도인이 아닌 사람들에게 충분히 관심사가 될 만한 사건이나 경험을 선택하여 하나의 주제에 따라 자신의 간증문을 생각해 보라. 예를 들어 삶의 목적, 인생의 성공, 가치관, 돈, 행복, 다른 사람들을 돕고 싶은 열망 등과 같은 것을 다루라.

(11) 누군가 당신의 간증을 듣고 주님을 믿을 수도 있다는 것을 명심하고 예수 그리스도를 믿은 후 당신의 삶이 어떻게 바뀌었는지를 강조하라. 당신의 간증에 어떤 극적인 요소나 흥분될 만한 사실이 없다 하더라도 염려하지 말고 최대한 듣는 사람의 관심을 끌 수 있도록 전하라.

(12) 간증은 현실적이어야 한다. '예수를 믿었더니 인생의 모든 문제가 해결되더라' 는 식의 간증보다는 '내가 항상 너희와 함께 하겠다' 고 하신 예수님의 약속을 믿음으로 어떤 문제나 상황 속에서도 평안할 수 있었고 확신 가운데 극복해 나갈 수 있었다는 것을 강조하라.

(13) 긍정적으로 시작해서 긍정적으로 마무리하라.

(14) 대중 앞에서 간증 할 때도 개인에게 얘기하는 것처럼 하라.

4 간증할 때 또는 간증문을 작성할 때 아래의 사항은 피하라.

(1) 특정한 교회나 사람을 비판하거나 무시하는 말을 하지 말라.

(2) 설교하려 하지 말라(이것은 간증이지 설교가 아니다.).

(3) 그리스도인들이 상투적으로 쓰는 용어들을 피하라.
① 궁휼, 경외, 환난
② 신령한, 거룩한, 영감
③ 승리, 충만, 풍성함
④ 할렐루야, 하나님께 영광 등

(4) 평상시와 다른 목소리나 너무 크거나 작은 목소리로 말하지 말라.

(5) 비그리스도인들에게 의미가 생소한 용어들 '구원', '거듭남', '회심', '중생' 등의 용어를 사용할 때는 그 뜻을 설명해 줄 필요가 있다.

(6) 긴장하거나 불안할 때 습관적으로 하는 몸짓이나 말을 주의하라.

(7) 걸어 나오면서 또는 자리에서 일어나면서 이야기를 시작하지 말라.

(8) 장황하고 불필요한 말들을 피하라.

과제

학생용 교재 49p

1 친구나 주위의 아는 사람들에게 사영리를 읽어 주라.

(1) 읽어 주기 전에 다음과 같이 말하라. **"저는 한 세미나에 참석하고 있는데, 과제 중의 하나가 이 책자를 읽어 주고 어떻게 생각하는지 사람들의 의견을 듣는 일입니다. 사영리에 대하여 들어 본 적이 있으세요?"**

(2) "성공적인 전도는 성령의 능력 안에서 예수 그리스도를 전하고 그 결과는 하나님께 맡기는 것이다."

(성공적인 전도의 정의를 함께 읽고 암송하게 하라.)

2 3분 개인 간증문을 써서 _________년 ______월 ______일 까지 순장 혹은 간사에게 제출하라.

다음과 같은 요령으로 간단히 작성한다.

(1) 예수 그리스도를 영접하기 전의 나의 삶은 어떠했는가?

(2) 예수 그리스도를 어떻게 영접하게 되었는가?

(3) 예수 그리스도를 영접한 이후의 나의 삶은 어떻게 변화되었는가?

(이 훈련을 통해 많은 사람들이 그리스도를 영접하게 될 것을 하나님께 감사하는 기도로 마치라.)

토의 2 학생용 교재 50p

사영리 4가지 원리의 이해와 실습

사영리
전도 훈련
2

개요

1. 사영리의 단계적 설명 (12분)

2. 구원의 확신을 갖게 하는 방법 (13분)

   가. "그리스도가 당신안에 계심을 어떻게 알 수 있을까요?" (사영리, P4U 11쪽)

   나. "성경은 예수 그리스도를 영접하는 모든 사람에게 영원한 생명을 약속하고 있습니다." (사영리, P4U 11쪽) (13분)

   다. "예수 그리스도께서 당신안에 들어오셔서 영원히 떠나지 아니하심을 항상 감사하십시오." (사영리, P4U 11쪽) (10분)

3. 사영리 소개 끝마무리 (사영리, P4U 12~16쪽) (1분)

4. 과제 (1분)

☞ **토의 포인트**

사영리의 각 단계를 그림과 함께 설명해주고, 예수님을 영접한 후 구원의 확신을 갖도록 돕기 위해 사영리 11페이지 이후 부분을 다룬다.

▶ 성공적인 전도는 성령의 능력 안에서 예수 그리스도를 전하고 그 결과는 하나님께 맡기는 것입니다. 전도한 사람이 그리스도를 영접했는지의 여부가 중요한 것은 아닙니다. 하나님께서는 그리스도를 영접한 사람들을 통해 영광을 받으시지만, 전도했을 때 그리스도를 영접하지 않았다고 실망할 필요가 없습니다. 결과는 하나님께 맡기십시오.

▶ 약속의 말씀 - 고린도전서 2:1~5

"형제들아 내가 너희에게 나아가 하나님의 증거를 전할 때에 말과 지혜의 아름다운 것으로 아니하였나니 내가 너희 중에서 예수 그리스도와 그가 십자가에 못 박히신 것 외에는 아무 것도 알지 아니하기로 작정하였음이라 내가 너희 가운데 거할 때에 약하고 두려워하고 심히 떨었노라 내 말과 내 전도함이 설득력 있는 지혜의 말로 하지 아니하고 다만 성령의 나타나심과 능력으로 하여 너희 믿음이 사람의 지혜에 있지 아니하고 다만 하나님의 능력에 있게 하려 하였노라"

사람들을 하나님께 나아오게 하는 것은 우리의 설득력이나 풍부한 지식이 아닙니다. 그리스도인들을 통해 성령께서 사람들을 하나님께 나아오게 하십니다.

(참석자들이 전도하도록 동기부여 하기 위해 강의자의 전도 경험을 간단히 나누라.
참석자들 중 한 사람이 나눌 수도 있다. 영접여부 보다 성령의 인도하심에 초점을 맞추라.)

1. 사영리의 단계적 설명 학생용 교재 51p

사영리 책자와 펜을 꺼내십시오. 각 원리의 가르침과 내용의 발전을 이해하는 것이 중요합니다.

(프로젝트를 사용할 수 있으면 준비된 PPT 사용)

1 제1원리 : 하나님

제1원리를 펴십시오. 서론, 제1원리 주제 문장, 성경 구절의 장절, 맨 밑에 있는 전환 구절에 밑줄을 치십시오.
(제1원리에 대해 이야기 하면서 시각자료를 보여주라.)

시각자료

제 1원리 : 하나님

하나님

(1) 제1원리는 하나님에 관하여 이야기 하고 있습니다.

(2) 사영리는 긍정적으로 시작합니다. "하나님께서는 당신을 사랑하시며 당신을 위한 놀라운 계획을 가지고 계십니다." 이것은 사람들이 듣기 원하는 메시지입니다.

(3) 각 원리의 끝에는 다음 원리로 자연스럽게 넘어가는 전환 구절이 나옵니다.

(4영리의 주제문장과 성경구절을 암송시간을 가지라.)
사영리의 표지와 제1원리 주제 문장과 관련된 성경의 장절을 1분 동안 외우시기 바랍니다.
(1분 후에 암송하도록 인도하라.)
책자 표지와 제1원리 주제 문장과 성경의 장절을 다 같이 외워 보겠습니다.

2 제2원리: 사람

제2원리를 펴십시오. 제2원리 주제 문장, 성경 구절의 장절, 페이지의 밑에 있는 전환 구절에 밑줄을 치십시오.
(제2원리에 대해 이야기 하면서 시각자료를 보여주라.)

시각자료

제 2원리 : 사람

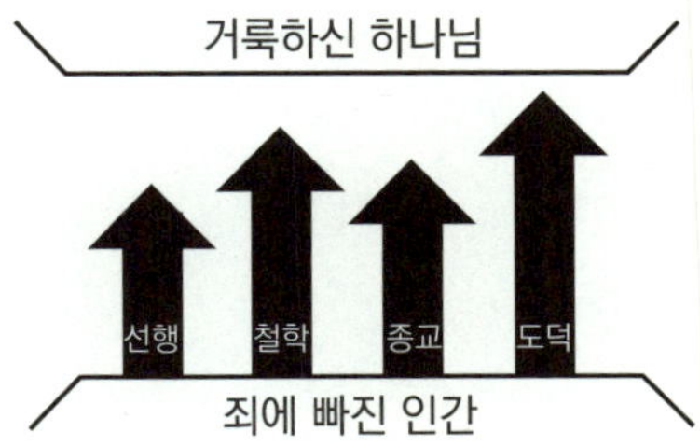

(1) 제2원리는 사람에 관하여 말하고 있습니다.

(2) 제2원리는 죄에 대해 인간적인 관점이 아니라 하나님의 관점에서 설명하고 있습니다. 많

은 사람들은 거짓, 도둑질, 살인, 부정행위 등 잘못된 행위만을 죄라고 생각합니다. 이러한 행위가 그들의 삶에 나타나지 않기 때문에 그리스도의 필요를 느끼지 못하고 있습니다. 제2원리는 사람이 죄인이며 하나님과의 관계가 끊어졌음을 보여주고 있습니다.

① 제1원리는 사람을 향한 하나님의 사랑을 말합니다.

② 제2원리는 사람에게는 하나님께로 나아갈 수 있는 능력이 전혀 없음을 보여주고 있습니다.

(4영리의 주제문장과 성경구절을 암송시간을 가지라.)

제2원리 주제 문장과 관련된 성경의 장절을 1분 동안 외우시기 바랍니다.

(1분 후에 암송하도록 인도하라.)

제2원리 주제 문장과 성경의 장절을 다 같이 외워 보겠습니다.

3 제 3원리 : 예수 그리스도

제3원리를 펴십시오. 제 3원리 주제 문장, 성경 구절의 장절, 페이지의 밑에 있는 전환 구절에 밑줄을 치십시오.

(제3원리에 대해 이야기 하면서 시각자료를 보여주라.)

시각자료

제 3원리 : 예수 그리스도

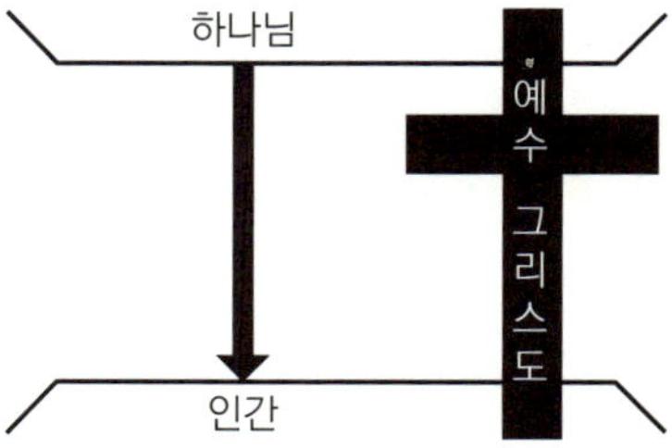

(1) 제3원리는 예수 그리스도에 대해 말하고 있습니다.

(2) 제3원리는 제2원리에 나오는 문제에 대한 해결책을 제시하고 있습니다.

① 사람은 죄로 말미암아 거룩하신 하나님께 나아갈 수 없습니다.

② 하나님이 세상을 사랑하셔서 그의 독생자 예수 그리스도를 보내시고 우리를 대신하여 십자가에 죽게 하셨습니다.

③ 예수님이 십자가에 죽으심으로 죄의 대가를 치르시고 하나님의 거룩하심에 합당한 요구를 만족시키셨습니다.

④ 예수님께서는 하나님과 사람 사이에 다리를 놓았습니다. 이제 사람은 예수 그리스도를 통하여 하나님과의 관계를 회복할 수 있습니다.

(3) 예수님을 믿지 않는 사람들도 제1원리에서 제3원리까지는 잘 알고 있을 것입니다. 그러나 그들은 그리스도를 영접하지 못하고 있습니다. 제3원리의 전환 구절이 그들의 생애에 무엇이 결여되어 있는가를 이야기해 줍니다.

(4영리의 주제문장과 성경구절을 암송하는 시간을 가지라.)
제3원리 주제 문장과 관련된 성경의 장절을 1분 동안 외우시기 바랍니다.
(1분 후에 암송하도록 인도하라.)
제3원리 주제 문장과 성경의 장절을 다 같이 외워 보겠습니다.

4 제4원리 : 우리

제4원리를 펴십시오. 제4원리 주제 문장, 성경 구절의 장절, 2가지 질문, 페이지의 밑에 있는 전환 구절에 밑줄을 치십시오.
(제4원리를 이야기 하면서 시각자료를 보여 주라.)

시각자료

제 4원리 : 우리

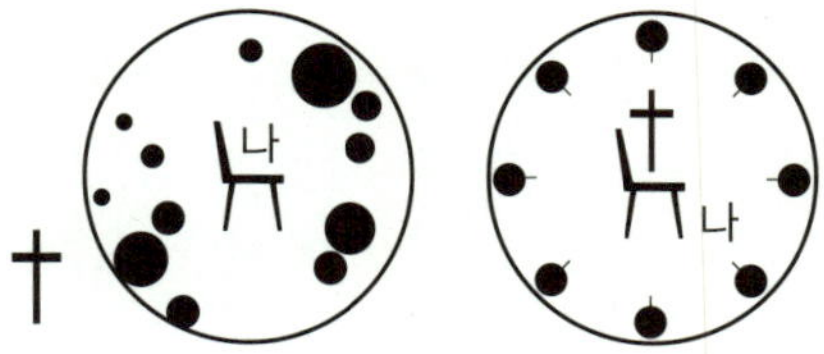

〈의지의 표현〉

(1) 참된 그리스도인이 되는 것은 제1, 2, 3원리와 더불어 의지의 표현이 추가되어야 합니다.

(2) 그리스도께서 우리 죄를 위해 대신 죽으신 사실을 지적으로 아는 사람은 많으나, 그리스도를 '나의 구주, 나의 하나님' 으로 믿음과 의지의 행위를 통해서 영접하는 방법을 아는 사람은 드뭅니다.

(3) 그림 밑에 나오는 두 질문은 사람들이 그리스도와 개인적인 관계를 맺기 원하는가의 여부를 묻는 중요한 질문입니다.
어느 그림이 당신의 삶을 잘 나타내고 있습니까?
또 당신은 어느 그림에 속하게 되기를 원하십니까?

(4) 그리고 전환 구절이 듣는 사람으로 하여금 기도할 수 있도록 인도합니다.

(4영리의 주제문장과 성경구절을 암송시간을 가지라.)
제4원리 주제 문장과 관련된 성경의 장절을 1분 동안 외우시기 바랍니다.
(1분 후에 암송하도록 인도하라.)
제4원리 주제 문장과 성경의 장절을 다 같이 외워 보겠습니다.

(4영리의 제1원리에서 제4원리까지의 주제문장과 성경구절을 한꺼번에 암송하게 하라.)
사영리의 주제문장과 성경구절을 1원리에서 4원리까지 함께 암송해 보도록 하겠습니다.

2. 구원의 확신을 갖는 방법 학생용 교재 52p

가. "그리스도가 당신 안에 계심을 어떻게 알 수 있을까요?" (사영리, P4U 11쪽)

1 시범 관찰(11쪽 이후) - 13분
(시범할 짝을 찾아 시범연습을 미리 하라. 어떤 반응을 보여야 할지 짝에게 미리 알려 주고, 모든 사람이 들을 수 있도록 큰 소리로 대답하게 하라.)

▶ 예수 그리스도가 마음속에 계시다는 확신이 없이는 풍성하고 승리하는 삶을 누리기는 불가능합니다. 어떤 사람이 그리스도를 영접하는 기도를 했을 때 그가 구원에 대해 확신을 가질 수 있도록 도와주어야 합니다. 이 확신이 없이는 그리스도인의 풍성한 삶을 체험할 수 없기 때문입니다.

▶ 사영리 11쪽 이후를 전하는 법을 시범해 보이겠습니다. 시범하는 것을 잘 관찰해 주십시오. 제가 시범한 후에 여러분이 관찰한 것을 함께 나누는 시간을 갖겠습니다.
시범짝이 지금 막 그리스도를 영접하는 기도를 했다고 가정하겠습니다.
사영리 11쪽의 "그리스도가 당신 안에 계심을 어떻게 알 수 있을까요?" 에 대한 시범을 하는 동안 여러분들도 마음속으로 질문들에 대답해 주시기 바랍니다.

▶ 시범을 시작하겠습니다.

▶ 시범을 마치겠습니다. 제가 어떻게 했습니까? 여러분이 관찰한 것을 나누어 보겠습니다. 이제 교재를 보면서 시범한 내용을 명확하게 살펴보겠습니다.

2 개　요 : 그리스도가 당신 안에 계심을 어떻게 알 수 있을까요?

(1) 11쪽에 있는 첫 번째 질문을 한다.

"예수 그리스도를 당신 안에 영접하셨습니까?"

(2) 이어서 11쪽에 있는 두 번째 질문을 한다.

"요한계시록 3장 20절의 약속에 의하면 지금 예수 그리스도는 당신의 경우 어느 곳에 계십니까?"

만일 새 신자가 예수 그리스도가 자신 안에 계신다는 사실을 확실히 모르면, 사영리 9쪽으로 넘어가서 그에게 요한계시록 3:20 말씀을 읽게 한다.

이것은 새 신자의 기억을 되새기게 하며 이후에 하게 될 질문에 대해 준비하게 해줍니다.

(3) 11쪽의 두 번째 질문을 다시 한다. 그래도 그가 여전히 예수 그리스도가 어디에 계신지를 알지 못하면 다음의 추가 질문을 한다.

① **"이 말씀에서 문은 무엇을 나타냅니까?"**

② **"우리가 할 일은 무엇입니까?"**

③ **"그리스도가 하시는 일은 무엇입니까?"**

④ **"당신은 영접 기도를 할 때 진실한 마음으로 예수 그리스도를 영접하셨습니까?"**

(4) 세 번째 질문을 계속한다.

"그러면 무슨 근거로 하나님이 당신의 기도를 들으셨다는 사실을 알 수 있습니까?"

(5) 각 질문에 새 신자가 반응할 수 있도록 천천히 그리고 잠깐씩 사이를 두고 질문한다.

(6) 예수 그리스도께서 요한계시록 3:20의 약속에 근거하여 그의 생애에 들어오셨음을 확실히 알게 하라. 새 신자가 확실히 알고 난 후에 다음 질문으로 넘어가라.

3 둘씩 짝지어 연습

(시각자료를 보여주고 둘씩 짝을 지어 연습하게 하라.)

시각자료

1. 사영리 11쪽의 "그리스도가 당신 안에 계심을 어떻게 알 수 있을까요?" 부분을 연습하라.
2. 시범짝은 그리스도가 자기 안에 계심에 대해 확신이 없는 것 같이 대답하라.
3. 교재의 개요를 참고하라.
4. 각각 5분씩 연습하라.

(5분 후에 짝을 바꾸어 연습하게 하라.)

나. "성경은 예수 그리스도를 영접하는 모든 사람에게 영원한 생명을 약속하고 있습니다." (사영리, P4U 11쪽)

1 시범 관찰

▶ 시범하는 것을 잘 관찰해 주십시오.

제가 시범한 후에 여러분이 관찰한 것에 대해 함께 나누는 시간을 갖겠습니다.

▶ 시범을 시작하겠습니다.

▶ 시범을 마치겠습니다. 제가 어떻게 했습니까? 여러분이 관찰한 것을 나누어 보겠습니다.

교재를 보면서 시범한 내용을 명확하게 살펴보겠습니다.

2 개 요

새 신자로 하여금 요한일서 5:11~13을 소리 내어 읽도록 한다. 아래의 질문을 한다.

(1) 하나님이 우리에게 무엇을 주셨습니까? 답 : ___영생___

(2) 이 생명은 어디에 있습니까? 답 : 그의 ___아들___ 안에

(3) 당신 안에 예수그리스도가 계십니까? 답 : ___네___

(4) 예수 그리스도가 당신 안에 계신다면, 당신은 무엇을 소유하고 있습니까? 답 : ___영생___

(5) 당신 안에 영생이 있음을 어떻게 알 수 있습니까? 답 : ___하나님의 말씀에 근거하여___

3 둘씩 짝지어 연습

(시각자료를 보여주고 둘씩 짝을 지어 연습하게 하라.)

> 시각자료
>
> 1. "성경은 그리스도를 영접하는 모든 사람에게 영원한 생명을 약속하고 있습니다." 부분을 연습하라.
> 2. 교재의 개요를 참고하라.
> 3. 각각 5분씩 연습하라.

(5분후에 짝을 바꾸어 연습하게 하라.)

다. "예수 그리스도께서 당신 안에 들어오셔서 영원히 떠나지 아니하심을 항상 감사하십시오." (사영리, P4U 11쪽)

1 시범 관찰

▶ 시범하는 것을 잘 관찰해 주십시오.
제가 시범한 후에 여러분이 관찰한 것에 대해 함께 나누는 시간을 갖겠습니다.

▶ 시범을 시작하겠습니다.

▶ 시범을 마치겠습니다. 제가 어떻게 했습니까? 여러분이 관찰한 것을 나누어 보겠습니다.
교재를 보면서 시범한 내용을 명확하게 살펴보겠습니다.

2 개 요

(1) 새 신자에게 히브리서 13:5 하반절을 읽게 한다.

"…그가 친히 말씀하시기를 내가 결코 너희를 버리지 아니하고 너희를 떠나지 아니하리라 하셨느니라"

(2) 다음과 같이 질문한다.

① "이 말씀에 의하면, 당신이 예수님을 영접한 이 후에 그분이 당신을 떠나실까요?"
답 : 아니요

② "그리스도가 결코 당신을 떠나지 않으신다면 당신은 그분을 일생 동안 몇 번이나 영접해야 합니까?" 답 : 한번

(3) 때때로 새 신자들은 죄를 지으면 예수님이 떠나시므로 죄를 지은 후에는 그리스도를 다시 영접해야 한다고 생각할 수도 있다.
내 안에 들어오신 예수님은 절대로 떠나시지 않는다는 것을 확신할 수 있도록 도우라.

3 둘씩 짝지어 연습

(시각자료를 보여주고 둘씩 짝을 지어 연습하게 하라.)

시각자료

1. "예수 그리스도께서 당신 안에 들어오셔서 영원히 떠나지 아니하심을 항상 감사하십시오." 부분을 연습하라.
2. 교재의 개요를 참고하라.
3. 각각 5분씩 연습하라.

(5분 후에 짝을 바꾸어 연습하게 하라.)

3. 사영리 소개 끝마무리(사영리, P4U 12~16쪽) 학생용 교재 54p

1 사영리 12쪽에서 16쪽 위까지는 가감 없이 읽어 나가라.

2 사영리 12쪽에 나오는 '사실' '믿음' '감정' 의 관계는 기차 그림을 가리키며 읽어주라.

4. 과 제 학생용 교재 54p

1 사영리 책자를 최대한 많은 사람에게 읽어 주라.
(하나님께서 다른 사람을 그리스도께로 인도하는데 훈련생들을 사용해 주실 것을 기대하며 기도하게 하라. 기도로 마치라.)

토의 3 학생용 교재 56p

사영리 전도시 여러 가지 반응 대처하기

사영리
전도 훈련
3

개요

1. 사영리를 소개하는 방법 (3분)

2. 효과적으로 사영리를 사용하는 방법 (5분)

3. 사영리를 전할 때 여러 가지 반응에 대처하는 방법 (40분)

1 사영리 9쪽의 첫 번째 질문, "어느 그림이 당신의 삶을 잘 나타내고 있습니까?" 에 관한 대답 (20분)
- ① '왼쪽 그림' 이라는 경우 (8분)
- ② '잘 모르겠다', '중간', '침묵' 이라는 경우 (4분)
- ③ '오른쪽 그림' 이라는 경우 (8분)

2 사영리 9쪽의 두 번째 질문, "당신은 어느 그림에 속하게 되기를 원하십니까?" 에 관한 대답 (10분)
- ① '오른쪽 그림' 이라는 경우 (1분)
- ② '왼쪽 그림' 이라는 경우 (9분)

3 사영리 10쪽의 질문, "이 기도가 당신의 마음에 드십니까?" 에 관한 대답 (10분)
- ① '예' 라는 경우 (1분)
- ② '아니요' 라는 경우 (9분)

4. 과제 (2분)

☞ 토의 포인트

사영리를 전할 때 여러 가지 반응에 효과적으로 대처하는 방법을 가르쳐 주고 연습하게 하여 어떤 상황에서나 당황하지 않고 예수 그리스도를 영접하는 방법을 전하게 한다.

▶ 약속의 말씀 - 베드로전서 3:15

"너희 마음에 그리스도를 주로 삼아 거룩하게 하고 너희 속에 있는 소망에 관한 이유를 묻는 자에게는 대답할 것을 항상 준비하되 온유와 두려움으로 하고"

누구든지 복음에 대해 물으면 대답을 잘 할 수 있도록 준비해야 합니다. 성령께 우리의 삶을 맡길 때 하나님은 그의 사랑을 다른 사람에게 전하도록 우리를 사용하십니다. 우리 모두가 성령 안에서 기쁨을 경험하고 성령의 열매를 맺도록 기도합시다.

▶ 과제점검

("성공적인 전도는 무엇입니까?" 라고 질문하고 함께 암기하라.)

여러분 중에 몇 분이나 사영리를 전하셨습니까? 사영리를 전하신 분은 손을 들어 보십시오.

(사영리를 전한 훈련생에게 간증할 수 있는 기회를 주라. 그리스도를 증거한 경험을 간증할 때 그의 믿음이 자라고 듣는 사람도 도전을 받을 것이다.)

▶ 준비해 온 개인 간증문을 모두 제출해 주십시오.

1. 사영리를 소개하는 방법 학생용 교재 57p

사영리를 나누기 시작할 때 도움이 되는 몇 가지 질문이 있다.

1 사영리에 대하여 들어보셨습니까?

2 사영리에 대한 당신의 의견을 말씀해 주시겠습니까?

3 제가 한 세미나에 참석하고 있는데, 거기서 저에게 의미가 있었던 책자를 당신에게 소개해 드리고 싶습니다. 사영리에 대하여 들어보셨습니까?

성령 안에서 전도할 때 하나님께서는 상황에 맞는 말들을 생각나게 해 주실 것입니다.
사영리를 소개하기 위한 말은 간결하고 짧게 하는 것이 중요합니다.

2. 효과적으로 사영리를 사용하는 방법 학생용 교재 57p

사영리를 사용하는 방법을 배우고 성령이 당신을 인도하게 하십시오.

1 가장 효과적으로 사영리를 전하는 방법은 그대로 소리 내어 읽어 주는 것이다. 불필요한 말을 넣지 말라.

2 상대방이 사영리 내용에서 벗어난 질문을 할 때에는 사영리를 계속 읽어가는 동안에 그 답을 알게 될 것이라고 말하라. 또는 "참 좋은 질문입니다. 먼저 사영리를 다 읽은 후에 그 문제에 대해 같이 이야기해 봅시다."라고 말하라. 질문의 진실성 여부를 분별하여 간단한 질문은 대답해 주고 계속 해서 사영리를 읽어나가라.

3 사영리를 읽을 때 "이해가 되십니까?"라고 종종 질문하라.

4 상대방이 잘 볼 수 있도록 사영리를 반으로 접어 손에 들고 읽으라. 주의를 집중시키기 위해서 읽는 곳을 펜으로 가리키면서 읽으라.

5 사영리를 읽어나가는 동안 상대방으로 하여금 두세 개의 성경 구절을 읽게 하라.

6 그룹에서 전할 경우에는 각 사람에게 사영리를 한 권씩 나눠주고 전하라. 그들 중에 예수 그리스도를 영접하기 원하는 사람들과 기도하라. 한두 명만 관심을 보일 때는 그들과 따로 만나서 전하는 것이 좋다.

7 영접 기도를 할 때 예수 그리스도께서 그의 기도를 들으신다는 것을 믿고 기도하도록 권면하라. 예수 그리스도께서 우리 마음에 들어오시는 것은 믿음을 통해 이루어진다는 것을 이해시키고, 믿지 않고 기도 할 경우 아무 소용이 없다는 것을 알게 하라.

8 영접기도를 마음속으로 하기 원하는지, 소리 내어 따라 하기 원하는지에 대해 민감해야 한다. 어떤 사람은 소리 내지 않고 기도하기를 원할 수도 있다.

9 예수 그리스도를 영접하도록 강요해서는 안 된다.

10 예수 그리스도를 영접하도록 사람들을 변화시키는 분은 성령님이심을 기억하라.

11 사영리에 대해 한 번 이상 들어본 사람이라면 사영리를 어떻게 생각하는지 혹은 다른

질문이 있는지 물어 보라. 관심은 있는데 복음을 잘 모르고 있다면 다시 한 번 사영리를 전해 주라. 사영리를 들은 사람들에게 다시 전하는 것을 두려워하지 말라.

12 처음 만났을 때 예수 그리스도를 영접하지는 않았지만 그분을 더 알기 원한다면 시간을 내서 대화하고, 질문이 많을 경우 그 질문들에 대해 이야기하기 위해 만남 약속을 하라.

(1) 그에게 '사영리' 를 주고 읽어오게 하라.

(2) 그를 위해 기도하라. 그를 다시 만나면 지난 번 대화에 대해 더 생각해 보았는지 또는 질문이 있는지 물어 보라.

13 상대방이 다시 만나기를 원치 않으면 만나기를 강요하지 말라. 대신 그가 다른 질문이나 더 말하고 싶은 것이 있는지 물어 보라. 그리고 그를 위해 기도하라.

14 예수 그리스도를 증거하는 일은 자연스럽게 생활화되어야 한다.

15 상대방이 그리스도를 영접하지 않았다고 실망하지 말라. 성공적인 전도는 성령의 능력 안에서 예수 그리스도를 전하고 그 결과는 하나님께 맡기는 것임을 명심하라(고전 3:6~7). 필요하다면 사영리를 처음부터 다시 시작하라.

3. 사영리를 전할 때 여러 가지 반응에 대처하는 방법 학생용 교재 59p

사영리를 전할 때 중요한 것은 사람들에게 그리스도를 영접하는 방법을 가르쳐 주는데 있습니다. 지금은 사영리를 전할 때 나타나는 여러 가지 반응에 대처하는 법을 배울 것입니다.
(토의가 시작되기 전에 이 시범을 함께 할 짝을 선택하여 시범 연습을 하라. 그에게 각 시범에서 보여야 할 반응을 미리 알게 하라. 시범하는 동안 사람이 들을 수 있도록 크게 말해 달라고 미리 알려주라.)

1 사영리 9쪽의 첫 번째 질문 "어느 그림이 당신의 삶을 잘 나타내고 있습니까?"

(1) '왼쪽 그림' 이라는 경우
- 다음 질문을 계속한다.

▶ 다음과 같이 가정해 보겠습니다.
① 제가 시범짝에게 사영리를 전하고 있고, 9쪽의 두 그림을 설명할 차례가 되었다고

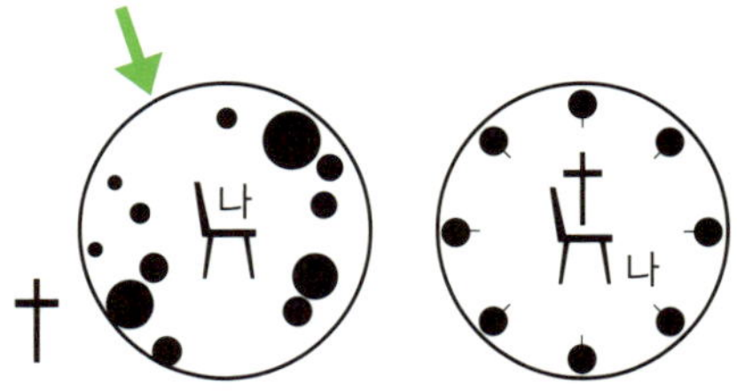

가정하겠습니다.

② 두 그림에 대한 설명을 읽은 다음, 첫 번째 질문에 제 짝은 "왼쪽"이라고 대답 할 것입니다.

③ 두 번 째 질문에 "오른쪽"이라고 대답 할 것입니다.

④ 그러면 저는 10쪽 끝에 있는 기도문까지 읽겠습니다.

▶ 시범하는 것을 잘 관찰해 주십시오.
제가 시범한 후에 여러분이 관찰한 것을 함께 나누는 시간을 갖겠습니다.

▶시범을 시작하겠습니다.

▶시범을 마치겠습니다. 제가 어떻게 했습니까? 여러분이 관찰한 것을 나누어 보겠습니다.

(시각자료를 보여주고 둘씩 짝을 지어 연습하게 하라.)

시각자료

1. "어느 그림이 당신의 삶을 잘 나타내고 있습니까?" 라는 사영리 9쪽의 첫 질문부터 시작하라.
2. 시범짝은 첫 질문에 대해서는 '왼쪽', 두 번째 질문에 대해서는 '오른쪽' 이라고 답하라.
3. 계속해서 사영리 10쪽의 기도문까지 읽으라.

(1분 후에 짝을 바꾸어 연습하게 하라.)

(2) '잘 모르겠다', '중간', '침묵' 일 경우 - 다음 질문을 계속한다.

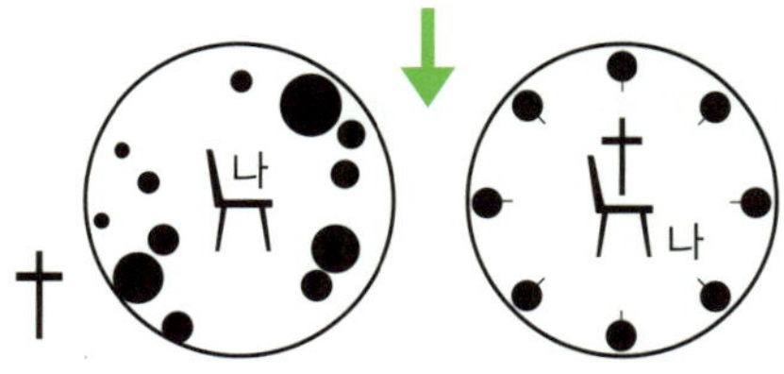

첫 번째 질문에 '잘 모르겠다', '중간', '침묵' 일 경우 왼쪽 그림을 선택한 사람과 똑같이 두 번째 질문으로 넘어가면 됩니다. 시범을 하지 않고 둘씩 짝지어 연습하겠습니다.
(시각자료를 보여주고 연습하게 하라.)

시각자료

1. "어느 그림이 당신의 삶을 잘 나타내고 있습니까?" 라는 사영리 9쪽의 첫 질문부터 시작하라.
2. 첫 번째 질문에 "잘 모르겠습니다. 아마 중간일 것입니다." 라고 답하라.
3. 두 번째 질문에 "오른쪽입니다." 라고 답하라.
4. 계속해서 사영리 10쪽의 기도문까지 읽으라.

(1분 후에 짝을 바꾸어 연습하게 하라)

(3) '오른쪽 그림' 이라는 경우

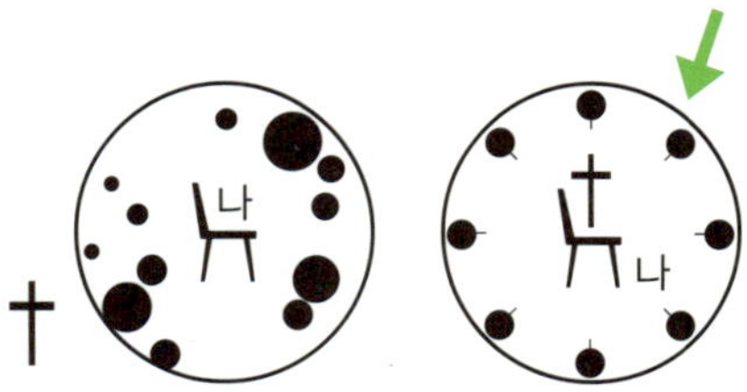

▶ 다음과 같이 가정해 보겠습니다.

① 사영리 9쪽의 "어느 그림이 당신의 삶을 나타내고 있습니까?" 라는 첫 번째 질문에 제 짝은 "오른쪽" 이라고 대답할 것입니다.

② 다음 질문을 하지 않고 "**참 반갑습니다. 다른 사람에게 당신의 신앙을 전할 수 있도록 이 책자를 끝까지 읽어 드리겠습니다.**" 라고 말하겠습니다.

③ 사영리 10쪽에 있는 기도문까지 읽고 난 후, "**이와 같은 방법으로 예수 그리스도를 영접한 일이 있습니까?**" 라고 질문하겠습니다. 제 짝은 "아니오" 라고 대답할 것입니다.

④ 그러면 제가 "이 기도가 당신의 마음에 드십니까?" 라고 질문하겠습니다.
제 짝이 "네" 라고 대답하면 사영리 10쪽을 끝까지 읽고 영접 기도를 한마디씩 따라하도록 인도하겠습니다.

▶ 시범하는 것을 잘 관찰해 주십시오.
제가 시범한 후에 여러분이 관찰한 것을 함께 나누는 시간을 갖겠습니다.

▶ 시범을 시작하겠습니다.

▶ 시범을 마치겠습니다. 제가 어떻게 했습니까? 여러분이 관찰한 것을 나누어 보겠습니다.
여러분의 교재를 참고하십시오.
(④-㉠의 내용까지만 다루고 실습 후에 ㉡의 내용을 설명하라.)

① 다음 질문으로 넘어가지 말고

② "**참 반갑습니다. 다른 사람에게 당신의 신앙을 전할 수 있도록 이 책자를 끝까지 읽어 드리겠습니다.**" 라고 말한다.

③ 사영리 10쪽에 있는 기도문까지 읽고 난 후

④ "**이와 같은 방법으로 예수 그리스도를 영접한 일이 있습니까?**" 라고 질문한다.

㉠ "아니오" 라고 대답하면 "이 기도가 당신의 마음에 드십니까?" 라고 질문한다. "네" 라고 대답하면 사영리 10쪽을 끝까지 읽고 영접 기도를 한마디씩 따라하게 한다.

㉡ "네" 라고 대답하면 그가 언제 어떻게 예수 그리스도를 영접했는지 질문한다. 그리고 지금 예수 그리스도가 그의 마음에 계신 것을 확신하고 있는지 질문한다. 사영리 11쪽에 있는 질문 "예수 그리스도가 당신 안에 계심을 어떻게 알 수 있을까요?" 를 질문한다.
"잘 모르겠다." 고 대답하면 사영리 11쪽부터 읽어준다.

(시각자료를 보여주며 짝지어 연습하게 하라.)

시각자료

1. 사영리 9쪽의 "어느 그림이 당신의 삶을 잘 나타내고 있습니까?" 라는 첫 질문부터 시작하라.
2. 첫 번째 질문에 "오른쪽" 이라고 답하라.
3. 두 번째 질문을 하지 않고 **"참 반갑습니다. 다른 사람에게 당신의 신앙을 전할 수 있도록 이 책자를 끝까지 읽어 드리겠습니다."** 라고 말하라.
4. 사영리 10쪽에 있는 기도문까지 읽으라.
5. 기도문 다음에 나오는 질문 대신에 **"이와 같은 방법으로 예수 그리스도를 영접한 일이 있습니까?"** 라고 질문하라.
6. 시범짝은 "아니오" 라고 대답하라.
7. "이 기도가 당신의 마음에 드십니까?" 라고 질문하라.
8. 시범짝은 "네" 라고 대답하라.
9. 사영리 10쪽 끝까지 읽고 영접 기도를 한마디씩 소리 내어 따라하게 하라.

(1분 후에 짝을 바꾸어 연습하게 하라.)

▶ ①~④-㉡ 경우

(이 경우는 시범을 보이지 않고 학생용 교재를 함께 읽으라.)

"이와 같은 방법으로 예수 그리스도를 영접한 일이 있습니까?" 라고 질문할 때 "네" 라고 대답하는 사람도 있습니다. 교재를 같이 보겠습니다. (학생용 59쪽 (3)오른쪽의 경우 '④-㉡' 을 같이 읽으라.)

2 사영리 9쪽의 두 번째 질문 "당신은 어느 그림에 속하게 되기를 원하십니까?

(1) '오른쪽 그림' 이라는 경우 - 사영리 10쪽까지 다 읽은 후 영접 기도를 할 수 있도록 인도한다.
(이 경우는 시범하지 않고 설명만 하라.)

(2) '왼쪽 그림' 이라는 경우
▶ 다음과 같이 가정해 보겠습니다.

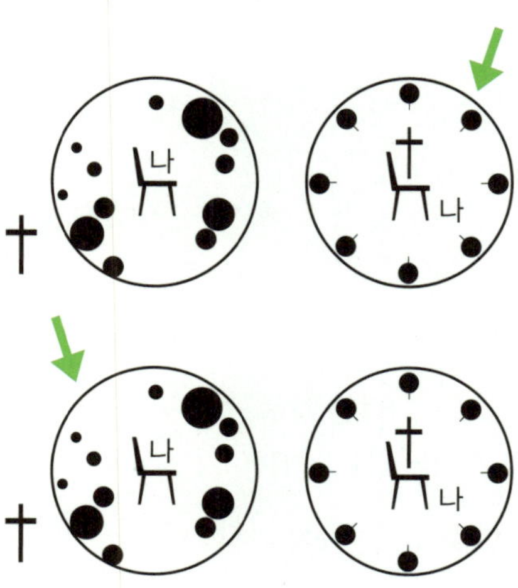

① 사영리 9쪽의 "당신은 어느 그림에 속하게 되기를 원하십니까?" 라는 두 번째 질문에 제 짝은 "왼쪽" 이라고 대답할 것입니다.

② 그러면 제가 **"그렇습니까? 언젠가 예수님을 믿고 싶을 때 어떻게 그리스도를 영접하는지 알려드리겠습니다."** 라고 말하겠습니다.

③ 사영리 10쪽까지 다 읽은 후 그가 원한다면 영접 기도를 하도록 인도하겠습니다.

▶ 시범하는 것을 잘 관찰해 주십시오.
제가 시범한 후에 여러분이 관찰한 것을 함께 나누는 시간을 갖겠습니다.

▶ 시범을 시작하겠습니다.

▶ 시범을 마치겠습니다. 제가 어떻게 했습니까? 여러분이 관찰한 것을 나누어 보겠습니다.
여러분의 교재를 참고하십시오.

① **"그렇습니까? 언젠가 예수님을 믿고 싶을 때 어떻게 그리스도를 영접하는지 알려드리겠습니다."** 라고 말한다.

② 사영리 10쪽까지 다 읽은 후 그가 원한다면 영접 기도를 하도록 인도한다.

▶ 사영리를 전할 때 중요한 것은 사람들에게 그리스도를 영접하는 방법을 알려 주는 것이므로 기도문까지 계속 읽어야 합니다. 기도문이 그리스도를 영접하는 방법을 가장 분명하게 보여주기 때문입니다.

(시각자료를 보여주고 둘씩 짝을 지어 연습하게 하라.)

시각자료

1. 사영리 9쪽의 첫 번째 질문부터 시작하라.
2. 시범짝이 두 질문에 다 "왼쪽" 이라고 대답하라.
3. 그러면 **"그렇습니까? 언젠가 예수님을 믿고 싶을 때 어떻게 그리스도를 영접하는지 알려드리겠습니다."** 라고 말하라.
4. 사영리 10쪽까지 다 읽은 후 그가 원한다면 영접 기도를 하도록 인도하라.

(1분 후에 짝을 바꾸어 연습하게 하라.)

3 사영리 10쪽의 "이 기도가 당신의 마음에 드십니까?"

(1) '예' 라는 경우 - 한마디씩 소리 내어 영접 기도를 따라 하도록 인도한다.
(이 경우는 시범하지 않고 설명만 하라.)

(2) '아니오' 라는 경우

▶ 다음과 같이 가정해 보겠습니다.

① 사영리 10쪽의 "이 기도가 당신의 마음에 드십니까?" 라는 질문에 제 짝이 "아니요" 라고 대답하겠습니다.

② 그러면 제가 **"예수 그리스도를 영접하면 무슨 일이 일어나는지 알려드리겠습니다." 라고 말하고 사영리 13쪽을 펴서 5가지 결과를 미래 시제로 읽어주겠습니다.**

③ 5가지 결과를 미래 시제로 읽어준 후 다음과 같이 질문하겠습니다.

"예수 그리스도를 영접하면 당신에게도 이런 일들이 일어날 것입니다. 그리스도를 영접하시겠습니까?"

④ 제 짝이 "네" 라고 대답하면 사영리 10쪽으로 돌아가서 영접 기도를 인도하겠습니다.

▶ 시범하는 것을 잘 관찰해 주십시오.

제가 시범한 후에 여러분이 관찰한 것을 함께 나누는 시간을 갖겠습니다.

▶ 시범을 시작하겠습니다.

▶ 시범을 마치겠습니다. 제가 어떻게 했습니까? 여러분이 관찰한 것을 나누어 보겠습니다.

여러분의 교재를 참고하십시오. (학생용 60쪽)

(③-㉠내용까지만 다루고 실습 후에 ㉡의 내용을 읽으라.)

① **"예수 그리스도를 영접하면 무슨 일이 일어나는지 알려드리겠습니다."** 라고 말하고

② 사영리 13쪽을 펴서 5가지 결과를 미래 시제로 읽어준다. 예를 들면 "당신이 예수 그리스도를 영접하면 예수 그리스도께서 당신 안에 들어 오실 것입니다."

③ 5가지 결과를 미래 시제로 읽어준 후 다음과 같이 질문한다.

"예수 그리스도를 영접하면 당신에게도 이런 일들이 일어날 것입니다. 그리스도를 영접하시겠습니까?"

㉠ "네" 라고 대답하면 사영리 10쪽으로 돌아가서 영접 기도를 인도한다.

(사영리 13쪽으로 돌아가 미래시제로 말해주어야 하는 이유를 설명하라.)

"이 기도가 마음에 드십니까?" 라는 질문에 '아니오' 라고 대답할 경우 이것이 가장 현명한 답변이 될 것입니다. 많은 경우에 사람들이 그리스도를 영접하지 않는 것은 여러분이 말하는 것을 다 이해하지 못하기 때문입니다. 그러므로 여러분이 사영리 13쪽을 미래시제로 읽었을 경우, 그리스도를 영접할 준비가 되어있지 않았던 사람들도 그리스도를 영접하는 기도를 드릴 준비가 될 수 있습니다.

㉡ "아니오" 라고 대답하면 시간을 내준 것에 대해 감사하고 나중에 그 사람이 다시 읽어 볼 수 있도록 사영리 책자를 준다.

(시각자료를 보여주며 짝지어 연습하게 하라.)

시각자료

1. "이 기도가 당신의 마음에 드십니까?" 라는 질문부터 시작하라.
2. 시범짝이 "아니오" 라고 대답하면 **"그리스도를 영접하면 무슨 일이 일어나는지 알려 드리겠습니다."** 라고 말하라.
3. 사영리 13쪽을 펴서 5가지 결과를 미래시제로 읽으라.
4. **"예수 그리스도를 영접하면 당신에게도 이런 일들이 일어납니다. 그리스도를 영접하시겠습니까?"** 라고 질문하라.
5. 시범짝이 "네" 라고 답하면 10쪽으로 돌아가서 영접 기도를 한마디씩 따라하게 하라.

(3분후에 짝을 바꾸어 연습하게 하라.)

▶ ①~③-㉡ 경우

"이 기도가 당신의 마음에 드십니까?" 라는 질문에 "아니오" 라고 대답하는 사람도 있습니다. 시범은 하지 않고 교재를 같이 보겠습니다.(학생용 60쪽 **3** '㉡' 을 같이 읽으라.)

4. 과 제 학생용 교재 61p

1 '사영리를 소개하는 방법', '효과적으로 사영리를 사용하는 방법', '사영리를 전할 때 여러 가지 반응에 대처하는 방법'을 다시 읽으라(학생용 70쪽 도표 참고).

2 계속해서 사람들에게 사영리로 전도하라.

3 사람들에게 사영리를 전할 때 도움이 되는 질문들을 활용하라.

(기도로 마치라.)

전도시 여러 가지 반응대처법 도표
(학생용 교재 70p)

Q1 〈사영리 9쪽〉

어느 그림이 당신의 삶을 잘 나타내고 있습니까?

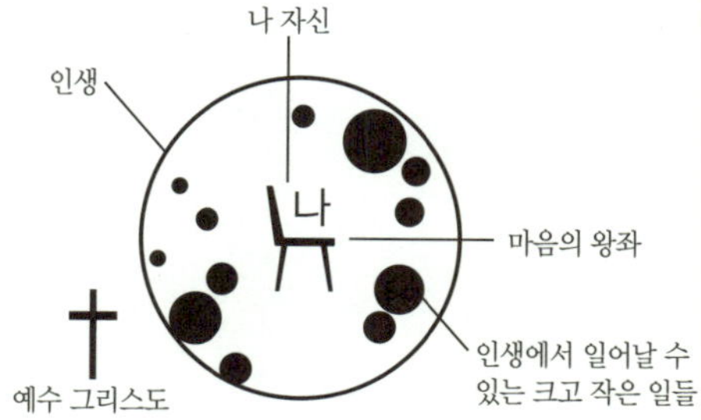

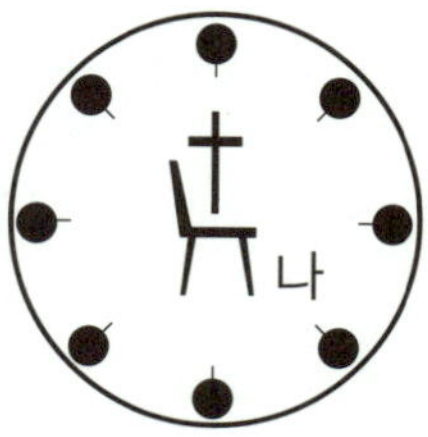

〈왼쪽, 중간, 무응답, 잘 모름〉

두 번째 질문을 한다.

Q2 〈사영리 9쪽〉

당신은 어느 그림에 속하게 되기를 원하십니까?

- 왼쪽: 그렇습니까? 언젠가 예수님을 알고 싶을 때 어떻게 그리스도를 영접하는지 알려드리겠습니다. → Q3
- 오른쪽: → Q3

〈오른쪽〉

참 반갑습니다. 다른 사람에게 당신의 신앙을 전할 수 있도록 이 책자를 끝까지 읽어드리겠습니다.

〈9쪽〉전환 구절부터 〈10쪽〉기도문까지 읽고 다음 질문을 한다.

이와 같은 방법으로 예수 그리스도를 영접한 일이 있으십니까?

- 없다: 세 번째 질문을 한다. → Q3
- 있다: 언제, 어떻게 예수 그리스도를 영접했는지 말씀해 주시겠습니까?
  - 영접한 것이 분명한 경우 〈11쪽〉 확신 부분을 다룬다. 확신 후 끝까지 읽어나가거나 성령 소책자로 연결한다.

Q3 〈사영리 10쪽〉

10쪽의 기도문까지 읽고 세 번째 질문을 한다.

이 기도가 당신의 마음에 드십니까?

- 마음에 든다: 아래 두 줄을 읽은 후 기도를 따라 하도록 인도한다. "제가 한마디씩 기도할 때 눈을 감고 간절한 마음으로 저를 따라 기도해 주십시오."
- 마음에 안 든다: 예수 그리스도를 영접하면 무슨 일이 일어나는지 알려드리겠습니다.
  - 〈13쪽〉 다섯 가지 결과를 미래형으로 읽어주고 다음 질문을 한다.
  - 예수 그리스도를 영접하면 당신에게도 이런 일들이 일어날 것입니다. 그리스도를 영접하시겠습니까?
    - 예: 10쪽으로 돌아와 맨 아래 두 줄을 읽고 기도를 따라 하도록 한다.
    - 아니오: 시간을 내주셔서 감사합니다. 사영리를 선물로 드릴 테니 조용한 시간에 다시 한 번 읽어주십시오.

토의 4 학생용 교재 62p

성령소책자 전하기

개요

1. 전도의 말문을 여는 네 가지 질문 (10분)

2. 성령소책자 소개 (3분)

3. 성령소책자를 전하는 방법 (3분)

4. 성령소책자 시범 관찰 (20분)

5. 둘씩 짝지어 연습 (12분)

6. 과제 (2분)

☞ 토의 포인트

1. 전도 모임이나 공연 등과 같은 그룹 모임 후에 어떻게 사영리로 전도할 수 있는지 알게 한다.
2. 사영리로 전도하던 중 상대방이 그리스도인이라는 사실을 알게 되었을 때, 성령소책자를 제시하여 성령 충만한 그리스도인의 삶을 살아가는 방법을 알게 한다.

▶ 약속의 말씀 - 골로새서 1:28
"우리가 그를 전파하여 각 사람을 권하고 모든 지혜로 각 사람을 가르침은 각 사람을 그리스도 안에서 완전한 자로 세우려 함이니라."

(성령소책자를 통해 성령 충만한 삶을 배우고 하나님 앞에서 온전한 제자들로 세워지도록 기도하라.)

▶ 성공적인 전도는 무엇입니까?
(성공적인 전도의 정의를 암송하게 한 후 다음과 같이 말하라.)
전도의 열매를 맺게 하시는 분은 오직 하나님이십니다. 우리가 할 일은 성령의 능력 안에서 예수 그리스도만을 전하고 그 결과는 하나님이 책임지신다는 것을 믿고 맡기는 것입니다.

(훈련생 중에 한 사람에게 사영리를 전해준 경험을 2~3분간 나누게 하라.)

1. 전도의 말문을 여는 네 가지 질문 학생용 교재 63p

전도 모임에 참석한 사람들에게 개인적으로 복음을 전하고 싶지만 어떻게 말을 시작해야 할지 모르는 경우가 의외로 많습니다.

1 전도 모임이나 교회 예배 후에 다음 네 가지 질문으로 복음에 대한 대화를 이어갈 수 있다.
(아래 네 가지 질문을 시각자료로 만들어 보여주며 설명하라.)

(1) (모임이) 어땠습니까?

(2) (이 모임이) 당신에게 의미가 있었습니까?

(3) (이 모임을 통해) 개인적으로 예수 그리스도를 만나셨습니까?

(4) 예수 그리스도를 만나고 싶습니까?

이 네 가지 질문을 한 뒤 "사영리에 대해 들어 보셨습니까?"라고 질문하면서 바로 사영리로 전도할 수 있습니다.

2 시범 관찰

(시범짝을 찾아 시범 연습을 미리 하라. 어떤 반응을 보여야 할지 짝에게 미리 알려 주라.)

(1) 제 짝에게 네 가지 질문을 하고 사영리를 전하는 시범을 하겠습니다.

▶ 다음과 같이 가정해 보겠습니다.

① 저희 두 사람이 어느 전도 모임에 참석했는데 저는 그 모임에서 저의 짝을 처음 만났고 그가 불신자라고 가정하겠습니다.

② 제가 먼저 짝에게 다가가 "이 모임이 어땠습니까?" 라고 질문할 것입니다. 제 짝은 "재미있었습니다." 라고 대답할 것입니다.

③ 이어지는 3개의 질문에 제 짝이 긍정적인 대답을 하겠습니다.

④ 그러면 저는 "사영리에 대하여 들어 보셨습니까?" 라고 질문을 할 것이고 제 짝은 "아니오" 라고 대답할 것입니다.

▶ 시범하는 것을 잘 관찰해 주십시오.
제가 시범한 후에 여러분이 관찰한 것을 함께 나누는 시간을 갖겠습니다.

▶ 시범을 시작하겠습니다.

▶ 시범을 마치겠습니다. 제가 어떻게 했습니까? 여러분이 관찰한 것을 나누어 보겠습니다.

▶ 전도의 말문을 여는 네 가지 질문을 외우겠습니다. 2분을 드리겠습니다.

▶ 외운 것을 가지고 둘씩 짝지어 연습해 보겠습니다.
(시각자료를 보여 주라.)

시각자료
1. 두 사람이 전도 모임에 참석했고 모임이 이제 막 끝났다고 가정하라.
2. 그리스도인인 왼쪽 사람이 불신자인 오른쪽 사람에게 사영리를 전하기 위해 다가갔다고 가정하라.
3. 왼쪽 사람은 잠시 자기를 소개한 후 네 가지 질문을 하고 사영리를 소개하라.

(1분 후에 짝을 바꾸어 연습하게 하라.)

(2) 네 가지 질문은 전도지나 책을 읽게 한 후에도 사용할 수 있습니다.
"이 모임이 어땠습니까?" 대신에 "이 책이 어땠습니까?" 라고 물으면 됩니다.

사영리로 전도하던 중 상대방이 그리스도인이라는 사실을 알게 되었을 때 사용하는 성령소책자를 살펴보겠습니다.

2. 성령소책자 소개 학생용 교재 63p

젊은이를 위한 성령소책자

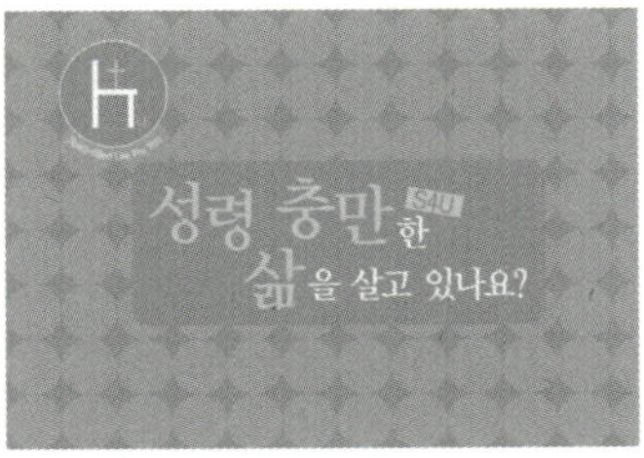

장년층을 위한 성령소책자
(디자인만 다르고 내용은 동일함)

1. 그리스도인은 믿음으로 성령 충만을 받을 때 하나님이 예비하신 풍성하고 열매 맺는 삶을 살 수 있다(갈 3:14하).

2. 성령소책자는 성령 충만한 그리스도인과 거듭났으면서도 좌절과 패배의 삶을 살아가는 세상적인 그리스도인을 보여주며, 세상적인 그리스도인이 풍성하고 승리하는 삶을 살 수 있는 방법을 가르쳐 준다.

3. 영혼의 호흡을 통해 지속적으로 성령 충만한 삶을 살 수 있다는 것이 성령소책자의 요점이다.

4. 성령소책자는 그리스도인에게 성령 충만 받는 방법을 가르쳐주는 책자로써 육성의 기초이며 핵심이다.

3. 성령소책자를 전하는 방법 학생용 교재 64p

1. 성령소책자는 예수 그리스도를 영접하여 그리스도가 자신의 마음속에 계신 것을 알고 있지만, 승리하는 삶을 살지 못하는 세상적인 그리스도인들에게 필요하다.

2. 사영리를 전하다가 상대방이 예수 그리스도를 영접한 사람이라는 것을 알게 되었을 때 이렇게 말하라.

   "그리스도인의 삶에 관련된 세 번째 그림이 있습니다. 이 소책자는 당신이 어떻게 풍성한 삶을 살 수 있는지 설명하고 있습니다. 성령 충만한 삶을 살고 있나요?"

3. 이렇게 말한 후 그 사람이 "아니오"라고 하면 성령소책자를 전해 주라.

4. 성령소책자를 전하다가 그가 성령 충만 받는 기도를 하기 원하면 12쪽의 기도문을 한마디씩 따라하도록 인도하라.

4. 성령소책자 시범

학생용 교재 64p

▶ 성령소책자를 전하는 시범을 보이겠습니다.
제 짝이 되셨던 분이 다시 한 번 앞으로 나와 주시기 바랍니다.

▶ 다음과 같이 가정해 보겠습니다.

① 제가 사영리를 전하는 중에 제 짝이 그리스도인이라는 사실을 알게 되었다고 가정하겠습니다.

② 제 짝은 성령 충만에 대해 잘 모르지만 성령 충만한 삶을 살고 싶어 하는 그리스도인으로 가정하겠습니다.

③ 저는 제 짝에게 **"그리스도인의 삶에 관련된 세 번째 그림이 있습니다. 이 소책자는 당신이 어떻게 풍성한 삶을 살 수 있는지 설명하고 있습니다. 성령 충만한 삶을 살고 있나요?"** 라고 물을 것입니다.

④ 제 짝은 "아니오" 라고 답하고 저는 제 짝에게 16쪽 위까지 읽어주겠습니다.

▶ 제가 시범을 보이는 동안 여러분도 이 책자를 속으로 따라 읽어 주시기 바랍니다.

▶ 시범하는 것을 잘 관찰해 주십시오.
제가 시범한 후에 여러분이 관찰한 것을 함께 나누는 시간을 갖겠습니다.

▶ 시범을 시작하겠습니다.

(12쪽에 있는 기도문을 읽은 후 잠깐 멈추고 훈련생들에게 말하라.)

▶ 여기서 잠깐 멈추겠습니다. 혹시 여러분 중에 성령 충만을 확신하지 못하는 분들이 있을 것입니다. 성령께서 다스려 주시고 능력 주시길 원하는 분이 있다면 제 짝과 함께 기도할 때 같이 기도하시기 바랍니다. 제가 먼저 한 마디씩 기도를 인도할 때 제 짝이 저를 따라 기도할 것입니다. 이 때 여러분도 함께 소리 내서 기도를 따라해 주십시오.

(기도한 후에 참석자들에게 말하라.)

▶ 계속해서 책자를 끝까지 읽어나가겠습니다.

▶ 여기서 시범을 마치겠습니다. 제가 어떻게 했습니까? 여러분이 관찰한 것을 나누어 보겠습니다.

5. 둘씩 짝지어 연습 학생용 교재 64p

성령소책자를 전하는 연습을 하겠습니다.
(시각자료를 보여주고 둘씩 짝을 지어 연습하게 하라.)

시각자료

1. 사영리를 전하다가 상대방이 그리스도인임을 알게 되었다고 가정하라.
2. "그리스도인의 삶에 관련된 세 번째 그림이 있습니다. 이 소책자는 당신이 어떻게 풍성한 삶을 살 수 있는지 설명하고 있습니다. 성령 충만한 삶을 살고 있나요?" 라고 질문하며 시작하라.
3. 상대방이 '아니오' 라고 대답하면 책자의 16쪽 위까지 읽으라.
4. 12쪽에 나오는 기도문을 한마디씩 따라하도록 인도하라.

(8분 후에 짝을 바꾸어 연습하게 하라.)

6. 과 제 학생용 교재 65p

1 다른 사람에게 사영리로 전도할 때 위의 네 가지 질문을 사용해 보라.

2 그리스도인들에게 지속적으로 성령소책자를 전하라.

3 사영리로 계속 전도하라.

(다음 시간까지 네 가지 질문을 암송하고, 성령소책자를 복습하게 하라.
세미나 후 반드시 과제를 하라고 말하라.
하나님께서 훈련생들을 통해 다른 그리스도인들에게 성령 충만한 삶의 비결을 전하도록 기도하고 마치라.)

토의 5 학생용 교재 66p

지상명령 성취를 위한 개인전략 세우기

토의
5

개요

1. 그리스도인들에 대한 하나님의 최우선과 계획 (17분)

2. 기초순모임의 장점 (8분)

3. 지상명령 성취를 위한 개인전략 수립 (25분)

☞ 토의 포인트

초급 LTC 훈련은 사영리와 성령소책자를 통해 복음을 전하고 성령 충만한 삶을 사는 방법을 알게 하는데 초점이 있다. 이 토의에서는 지금까지 배운 것을 기초로 지상명령 성취를 위한 구체적인 개인전략을 세워 누구를 전도하고 육성할지 계획하고 실행하게 한다.

▶ 약속의 말씀 - 디모데후서 2:2

"또 네가 많은 증인 앞에서 내게 들은 바를 충성된 사람들에게 부탁하라 저희가 또 다른 사람들을 가르칠 수 있으리라."

(지속적으로 성령 충만한 삶을 살고 제자화를 통해 하나님의 최우선인 지상명령 성취를 도울 수 있도록 기도하라.)

1. 그리스도인들을 향한 하나님의 최우선과 계획 학생용 교재 67p

우리는 사영리와 성령소책자의 사용법을 배웠습니다. 배운 것을 실천하지 않으면 아무 유익이 없기 때문에 이것을 효과적으로 사용할 수 있는 방법을 생각해보려고 합니다. 지상명령 성취를 돕기 위해 어떻게 전도하고 육성할 것인지 자신의 상황에 맞는 구체적인 개인전략을 세워야 합니다. 그러나 무엇보다 하나님의 뜻에 따라 개인전략을 세우는 것이 중요합니다.

1 모든 세대에 지상명령을 성취하도록 돕는 것이 하나님의 최우선적인 뜻이다(마 28:18~20).

(시각자료를 보여주라.)

> 시각자료
>
> 하나님의 최우선 - 모든 세대에 지상명령을 성취하도록 우리가 돕는 것 (마 28:18~20)

(마태복음 28:18~20을 함께 읽으라.)

"예수께서 나아와 말씀하여 이르시되 하늘과 땅의 모든 권세를 내게 주셨으니 그러므로 너희는 가서 모든 민족을 제자로 삼아 아버지와 아들과 성령의 이름으로 세례를 베풀고 내가 너희에게 분부한 모든 것을 가르쳐 지키게 하라 볼지어다 내가 세상 끝날까지 너희와 항상 함께 있으리라 하시니라" (마 28:18~20)

지상명령이란 모든 민족에게 복음을 전하고 그리스도의 가르침을 지키는 제자를 세워 그들이 또 다른 사람에게 복음을 전파하는 것이다. 이 지상명령은 예수님이 승천하시기 전 제자들에게 하신 마지막 명령이기 때문에 당연히 모든 그리스도인들의 최우선 과제가 되어야 한다.

2 영적 승법번식은 지상명령 성취를 위한 하나님의 계획이다(딤후 2:2).

(시각자료를 보여주라.)

시각자료
지상명령 성취를 위한 하나님의 계획 - 영적 승법번식(딤후 2:2)

(디모데후서 2:2을 함께 읽으라.)
"또 네가 많은 증인 앞에서 내게 들은 바를 충성된 사람들에게 부탁하라 저희가 또 다른 사람들을 가르칠 수 있으리라." (딤후 2:2)

디모데후서 2:2은 하나님의 지상명령 성취를 위한 효과적인 전략이 전도와 육성을 다 포함한 승법번식임을 말해주고 있다.

3 전도는 영적 가법번식이다.
(시각자료를 보여주라.)

시각자료
가법번식 - 전도만 하고 영적 재생산을 하지 않는 것

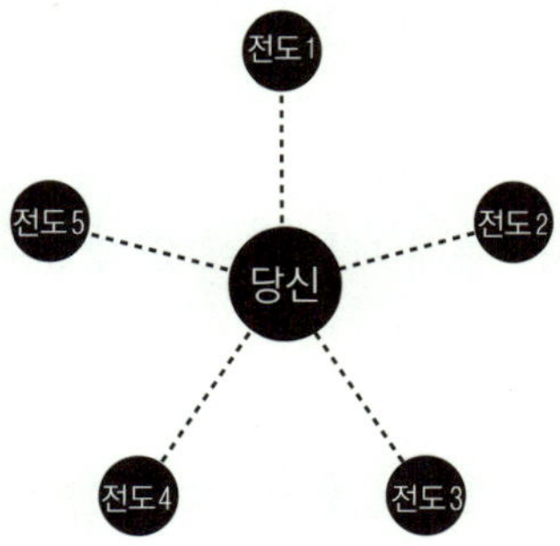

전도를 통해 하나님의 가족이 늘어납니다. 이것은 정말 신나고 기쁜 일입니다.
그러나 아무리 전도를 열심히 한다 해도 이러한 가법번식만으로는 기하급수적으로 늘어나는 전 세계 모든 사람들에게 복음을 전하는 것은 불가능합니다.

4 육성은 영적 승법번식이다.

(시각자료를 보여주라.)

시각자료

승법번식 - 전도하고 제자를 육성하여 영적 재생산을 하는 것

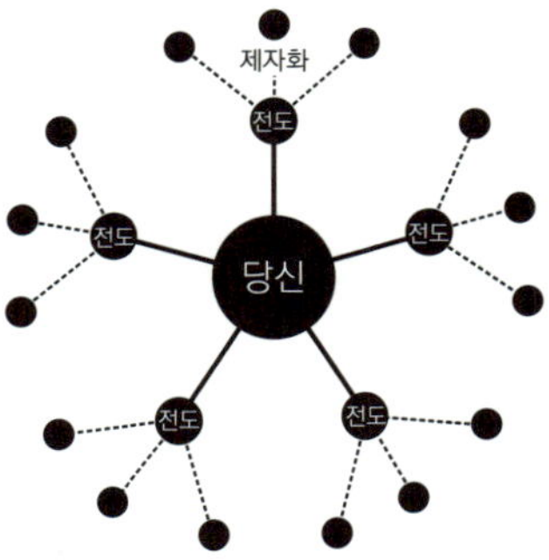

영적 승법번식이란 당신이 계속 전도할 뿐 아니라 그리스도를 영접한 새로운 그리스도인을 훈련시켜 제자로 육성하여 그가 또 다른 사람들을 전도하고 제자를 세움으로 영적 재생산을 하는 것이다(딤후 2:2). 그리스도를 갓 영접한 사람을 육성하든지 이미 그리스도인인 사람을 육성하든지 승법번식의 목표는 같다.

5 육성의 목표는 영적 승법번식을 통해 모든 곳에 영적 운동을 일으켜 지상명령 성취를 돕는 것이다.

우리는 분명한 목적을 가지고 전도한 사람들을 육성해야 한다. 육성의 목표는 육성 받은 사람들이 다른 사람들을 전도하고 육성하여 파송함으로써 지상명령이 성취될 때까지 영적 승법번식을 계속하는 것이다.

6 육성은 새 신자들을 기초순모임에 참여하게 함으로 시작된다.

순모임은 새 신자의 상황과 성향에 따라 개인 육성과 그룹 육성 중 하나를 선택하여 시작할 수 있다. 어떻게 육성을 하든지 새 신자와의 개인적인 관계가 중요하다.

▶ 개인 육성

개인 육성은 그리스도인을 개인적으로 만나 그가 성숙한 그리스도인으로 성장하도록 도와주는 과정이다. 개인 육성은 그가 새 신자든지 그리스도인이든지 신앙의 초기 단계에서 훈련하는 효과적인 방법이다. 그러나 이것만이 육성의 유일한 방법은 아니다.

▶ 그룹 육성

개인별로 육성하는 것 외에 여러 사람을 함께 육성 하는 것을 그룹 육성이라고 한다. 전도한 사람을 계속해서 개인 육성하는 것도 좋지만 일정기간 개인 육성을 마친 후 '기초순모임' 그룹에 참여하게 하는 것이 효과적이다. 새 신자는 그룹 육성을 통해 다른 그리스도인들과 관계를 맺고 영적으로 성장하는데 도움을 받을 수 있다. 여러분은 최대한 많은 사람들에게 복음을 전하고 전도한 사람들을 가능한 많이 기초순모임에 참여하도록 해야 한다.

2. 기초순모임의 장점 학생용 교재 68p

1 순원들이 함께 교제함으로 서로의 삶에서 하나님이 하신 일들을 나눌 기회를 갖고 이를 통해 격려와 도전을 받는다.

2 기도와 성경 공부를 통해서 그리스도인으로서 성장할 기회를 갖는다.

3 순원들이 개인 전도와 제자화 사역에 대한 도전과 훈련을 통해 준비할 기회를 갖는다.

4 캠퍼스, 직장, 지역 교회, 지역 사회 등 여러 곳에서 전도 프로그램을 계획하고 실천할 기회를 갖는다.

5 순원이 지역 교회에 등록하여 활동하도록 돕는다.

3. 지상명령 성취를 위한 개인전략 짜기 학생용 교재 68p

1 전도의 동기, 방법, 과정뿐만 아니라 열매 맺는 것도 중요하다. 전도를 통해 많은 열매를 맺기 위해서는 개인전략이 필요하다.

2 개인전략은 전도와 순모임의 대상을 구분하여 우선순위에 따라 전도하고 제자화하기 위한 실행계획이다.

(학생용 교재 63쪽에 있는 개인전략 도표를 보게 하라.)

▶ 이제 구체적으로 가법번식과 승법번식을 포함한 개인전략을 세우는 시간을 갖겠습니다. 개인전략 도표는 최대한 효과적으로 많은 사람들에게 복음을 전하도록 돕기 위한 표입니다.

3 개인전략 도표는 전도 대상자와 순모임 대상자를 분류하고, 전도 방법과 전도 도구, 전도와 순모임의 실행 일시를 기록한 도표이다.

▶ 여러분의 개인전략 수립을 돕기 위해 제가 세운 '지상명령 성취를 위한 개인전략 도표'를 보여드리겠습니다.

(인도자 자신이 세운 개인전략 도표를 보여 주라.)

〈지상명령 성취를 위한 개인전략 도표〉

관 계	가법번식 명단 (전도 대상자)	승법번식 명단 (순모임 대상자)	전도 방법 / 도구	실행 / 일시
이 웃	김00, 이00, 박00	김00	이00 (가법) 1.이씨는 현재 나의 옆집에 살고 있음. 2.불교집안으로 기독교에 대해 비판적이다. 3.이씨와 가깝게 지내면서 이야기를 나누고 기독교에 대한 인식을 바꾸기를 시도. 4.적절한 때를 찾아 이씨 집을 방문하여 자연스럽게 복음을 전한다.	이번 토요일 특별 음식을 만들어 나누기
학교 및 직장	김00, 곽00, 한00 교수님	곽00	곽00 (승법) 복음을 듣고 예수님을 영접한 상황 1.같은 과의 CCC선배를 소개해 준다. 2.함께 식사를 한다. 3.그 선배와 성경공부 모임을 시작한다. (기초순모임) 4.여름수련회에 같이 간다.	3월 24일 CCC '친구초청의 밤'에 초대
교 회		이00	신앙여정 나누기, 식사하기, 신앙적 도움이 필요한지 살피기	이번 주일 점심식사 같이 하기
사회생활/친목/ 취미 동호인 등	이00, 이00, 고00, 김00	고00	전화나 문자로 안부 묻기, 시간을 내어 만나기, 사영리, 신앙생활에 관한 책자 선물하기	토요일 아침 축구모임 후 대화 나누기
기타		친동생	모태신앙, 교회를 오래 다녔으나 다른 사람에게 자신의 신앙을 나누는 법을 모름. 1.동생과 신앙에 대한 대화를 나누고 LTC 초청. 2.성경공부에 대한 제의 3.동생 생일 파티에 동생의 친구 초청 4.그들에게 복음을 전하는 본을 보임. 5.그들 중 성경공부 모임에 참석할 자들을 살핌.	매주 목요일 저녁 10시로 성경공부 제의

▶ 여러분은 이웃, 학교, 직장, 교회를 비롯한 모든 생활 속에서 만나는 사람들에게 영향을 미칠 수 있습니다. 매일 함께 시간을 보내는 사람에게 전도하는 것이 잘 모르는 사람들에게 전도하는 것보다 더 효과적이며 육성을 할 때도 훨씬 쉽습니다.

(이제 전도 대상자들을 위해 기도하고 도표를 작성하게 하라.)

▶ 잠깐 동안 조용히 기도하겠습니다. 전도대상자를 기억나게 해달라고 기도하십시오.
하나님께서 기억나게 해주실 때 '가법번식 명단' 에 그들의 이름을 적으십시오.
(훈련생들이 기도하면서 기록하도록 3분의 시간을 주라.)

(순모임 대상자들을 위해 기도하라.)

▶ '가법번식 명단' 을 다 채우신 분들은 순모임 대상자들을 생각나게 해달라고 계속해서 하나님께 기도하십시오. 여러분은 이 사람들을 개인 육성, 기초순모임, LTC 훈련에 초청할 수 있습니다. 다시 3분간 시간을 드리겠습니다. 기도하면서 기록해 주십시오.
(다시 3분간 조용히 기도하는 시간을 주라.)

▶ '가법번식 명단' 에 있는 분들이 그리스도를 영접하면 그들의 이름을 '승법번식 명단' 으로 옮겨 적으십시오. 그들을 개인 육성이나 기초순모임을 통해 육성할 수 있습니다.
이 명단을 기도 수첩에 적어 가지고 다니십시오. 그리고 하나님께서 또 다른 사람들을 기억나게 해주시거든 해당란에 그들의 이름을 추가로 적으십시오.
(명단에 있는 사람들의 마음을 하나님께서 준비시켜 주시고 훈련생들이 그들에게 전도할 기회를 얻도록, 그리고 그들 가운데 많은 사람들이 주님을 영접하고 제자가 될 것에 대해 하나님께 감사하며 기도로 마치라.)

(5분을 주고 교재 부록에 있는 평가서를 기록하고 제출하라고 말하라.)

▶ 평가서를 적을 때 이 훈련을 받으면서 느낀 여러분의 솔직한 견해를 기록해 주시기 바랍니다.
여러분의 평가는 앞으로 이 훈련이 더욱 효과적으로 진행되는 데 큰 도움이 될 것입니다.

(참석자들에게 개인적인 감사를 표하라.)

(참석자들이 평생을 주님의 지상명령 성취에 헌신하여 전도하고 승법번식을 통해 제자 낳는 삶을 살도록 하나님께 대표로 기도하라.)

죄 목록

요일 1:9

개인 신앙 간증문

학생용 교재 73p

No.

__________ 지구　　　　　제______ 순　　　　　순장__________

❶ 예수 그리스도를 믿기 전의 나의 삶

❷ 예수 그리스도를 영접하게 된 구체적인 경위

3 예수 그리스도를 영접한 후 나에게 일어난 변화와 지금 예수 그리스도가 나에게 주는 의미
감명 깊은 성경 구절
① ②
질문 (성경 관련 질문 또는 신앙생활에서 꼭 해결받기 원하는 문제)
① ② ③

개인 전도 보고서 학생용 교재 75p

No.

총 전도받은 수 명		전도한 날	년 월 일 시~ 시	
① 새 결신자 명		전도자		남 / 여
② 재 결신자 명				남 / 여
③ 관심자 명	교회사용 난입니다			
④ 무 관심자 명	주소			
⑤ 반대자 명	구역			

1	성명		남/여	세	○ 새로 결신한 자 ○ 재결신한 자 ○ 관심이 많은 자 ○ 기 타	비 고
	주소/이메일					
	직장/학교		휴대전화			
2	성명		남/여	세	○ 새로 결신한 자 ○ 재결신한 자 ○ 관심이 많은 자 ○ 기 타	비 고
	주소/이메일					
	직장/학교		휴대전화			
3	성명		남/여	세	○ 새로 결신한 자 ○ 재결신한 자 ○ 관심이 많은 자 ○ 기 타	비 고
	주소/이메일					
	직장/학교		휴대전화			
4	성명		남/여	세	○ 새로 결신한 자 ○ 재결신한 자 ○ 관심이 많은 자 ○ 기 타	비 고
	주소/이메일					
	직장/학교		휴대전화			
5	성명		남/여	세	○ 새로 결신한 자 ○ 재결신한 자 ○ 관심이 많은 자 ○ 기 타	비 고
	주소/이메일					
	직장/학교		휴대전화			
6	성명		남/여	세	○ 새로 결신한 자 ○ 재결신한 자 ○ 관심이 많은 자 ○ 기 타	비 고
	주소/이메일					
	직장/학교		휴대전화			
7	성명		남/여	세	○ 새로 결신한 자 ○ 재결신한 자 ○ 관심이 많은 자 ○ 기 타	비 고
	주소/이메일					
	직장/학교		휴대전화			
8	성명		남/여	세	○ 새로 결신한 자 ○ 재결신한 자 ○ 관심이 많은 자 ○ 기 타	비 고
	주소/이메일					
	직장/학교		휴대전화			

전도자의 간증 : 오늘 전도 실천에서 느낀 점

학생용 교재 77p

훈 련 평 가 서

학생용 교재 79p

다음의 질문들에 대해 진지하게 응답해 주시면 대단히 감사하겠습니다.
이 평가서는 앞으로 이 훈련을 더 잘 진행하는데 많은 도움이 될 것입니다.

이 름 :	날 짜 :
이메일 :	교 회 :
학 교, 직 장 :	학 년 :
주 소 :	휴대전화 :

1 이 훈련에 관해 누군가로부터 들은 적이 있으십니까 ?

2 이 훈련에 참석하게 된 동기는 무엇입니까?

3 이 훈련의 어느 부분이 당신에게 효과적으로 하나님을 증거할 수 있도록 도움이 되었습니까?
설명 :

4 이 훈련이 개인적으로 당신에게 어떤 의미가 있었습니까?
(이 훈련을 실시하는 다른 지역의 성도들이나 학생들을 격려하는데 사용할 수 있도록 3~4 문장 정도 로 당신의 생각을 적어 주시면 감사하겠습니다.)

5 앞으로 이 훈련을 더 잘 실시할 수 있는 좋은 방안이 있다면 적어 주십시오.

예수 그리스도를 효과적으로 증거하기 위해 이 훈련에 참석해 주셔서 감사합니다. 이 훈련이 전도에 큰 도움이 되었다면 주변의 다른 사람들에게도 이 훈련에 참석하도록 도전해 주십시오.

LTC 초급IG(신개정판)

2010년 6월 11일 신개정판 초판 1쇄 발행
2024년 6월 11일 신개정판 초판 9쇄 발행

엮 은 이　한국대학생선교회
펴 낸 곳　순출판사
디 자 인　CCC DIA
등　　록　제 2020-000159호
주　　소　서울시 종로구 백석동 1가길 2-8
전화/팩스　02)722-6931~2 / 02)722-6933
가　　격　6,000원

책 내용과 관련된 문의는 한국대학생선교회_MRD(02-397-6267)로 문의 바랍니다.

ISBN 978-89-389-0221-4